BOB ROTH
con KEVIN CARR O'LEARY

La fuerza
de la quietud

El poder de la meditación
trascendental

Traducción de María Jesús Asensio

Papel certificado por el Forest Stewardship Council®

Título original: *Strength in Stillness*
Primera edición: septiembre de 2018

© 2018, Bob Roth
© David Lynch Foundation for Consciousness-Based Education and World Peace
© 2018, Penguin Random House Grupo Editorial, S.A.U.
Travessera de Gràcia, 47-49. 08021 Barcelona
© 2018, por la traducción, María Jesús Asensio

Printed in Spain - Impreso en España

ISBN: 978-84-03-51737-0
Depósito legal: B-10828-2018

Impreso en Black Print CPI Ibérica
Sant Andreu de la Barca (Barcelona)

AG 1 7 3 7 0

Penguin
Random House
Grupo Editorial

Para profesores de meditación trascendental

ÍNDICE

■

INTRODUCCIÓN

Imagínense a alguien que enseña meditación, y lo más probable es que no me parezca mucho a esa persona. Visto de traje con frecuencia, por ejemplo, y mi lugar de trabajo está en Midtown Manhattan. No soy nada *New Age*. Me considero un escéptico nato, y estoy aún más obsesionado con la ciencia de lo que lo estoy con el béisbol, que ya es decir. No me interesan las creencias pseudocientíficas. Mis amistades cuentan siempre el mismo chiste sobre mí: «¿Cómo puede un vegetariano ser tan de carne con patatas?». Me gustan las cosas sencillas, prácticas, y rigurosa e irrefutablemente lógicas.

Y durante más de cuarenta y cinco años he trabajado a jornada completa en la enseñanza de la técnica de la meditación trascendental (MT). Dicha técnica procede de la tradición de meditación continua más antigua del mundo. Su práctica no va asociada a ninguna filosofía, a ningún cambio en el estilo de vida, ni a ninguna religión. Durante más de cinco mil años, la técnica de la MT ha ido pasando de maestro a alumno, de manera individual: nunca en grupos, nunca mediante un libro. Hunde sus raíces en la antigua nobleza guerrera, cuando actuar por miedo o ira conducía al desastre y la derrota. Hoy en día está destinada a todos los que buscamos mayor equilibrio en la vida, así como más creatividad, mejor salud, menos estrés..., y la felicidad.

A lo largo de esos miles de años, la técnica de la MT se ha concentrado en dos periodos de veinte minutos: uno por la mañana, preferiblemente antes del desayuno; y otro a última hora de la tarde, preferiblemente antes de cenar. Esta meditación se aprende con un profesor cualificado en sesiones particulares. Ese maestro da al alumno un mantra personal —una palabra o un sonido que no tiene ningún significado— y le enseña cómo concentrarse en él adecuadamente, lo cual quiere decir con facilidad, sin esfuerzo y en silencio. Le enseña también que no hay por qué evitar los pensamientos, ni observar la respiración, ni controlar las sensaciones del cuerpo, ni visualizar nada. Tampoco es necesario sentarse de una manera determinada. Uno puede sentarse cómodamente en una silla en casa, en el trabajo, en un tren o en un avión, en el banco de un parque...; en pocas palabras, donde se esté cómodo. La sesión matinal activa el cerebro y proporciona energía y resistencia para que las exigencias y los retos del día no nos estresen. Luego se vuelve a meditar, preferiblemente a última hora de la tarde, antes de cenar, para empezar la siguiente parte del día como nuevos. Dos veces al día, la MT nos permite resetearnos.

He enseñado a meditar a muchos miles de personas. Entre mis alumnos hay líderes de empresas de la lista Fortune 100 y cajeros de pequeñas tiendas familiares. Unos van a universidades privadas, y otros, a escuelas públicas. Pueden ser cristianos, judíos, budistas, musulmanes e hindúes, o no practicar ninguna religión. Abarcan un espectro muy amplio que va desde atletas profesionales a personas que viven en centros de acogida. Sea quien sea la persona que tengo enfrente, ya se trate de un alto ejecutivo de una de las instituciones financieras más importantes del mundo, de una madre trabajadora soltera con dos niños pequeños en casa o de un veterano de guerra que no ha dormido más de dos horas diarias durante meses, todos tienen la misma mirada en los ojos cuando vienen a verme para hablar de meditación. Necesitan un cambio en su vida.

Hubo un tiempo en que me vi en una situación similar, y quizá era más escéptico que ninguno de ellos. En 1969 yo era un universitario con una sensación persistente de que tenía que haber algo más que pudiera hacer para ser más feliz, más útil y estar más sano. Conocía a mucha gente que se suponía que había conseguido todo lo necesario para sentirse así, y sin embargo se la veía agobiada, llena de preocupaciones y muy a menudo infeliz. Un amigo en quien confiaba, y que había observado mi creciente nivel de estrés debido a la presión académica, me sugirió que podía gustarme la meditación trascendental. Me mostré reacio. No me interesaba. La palabra meditación ni siquiera formaba parte de mi vocabulario. Era (y soy) una persona muy activa, práctica, realista. Mis planes consistían en estudiar Derecho con el fin de presentarme a un cargo público y, en última instancia, llegar a senador. Quería contribuir a cambiar el mundo. (Sí, entonces pensábamos en esas cosas). Sentarme a «meditar» no encajaba en mi visión de la vida.

Pero dormía mal y me flaqueaba la memoria, y valoraba la opinión de mi amigo, así que decidí que al menos probaría la MT. A pesar de la reticencia y el escepticismo iniciales, la experiencia me pareció extraordinaria, significativa, auténtica. Era asombrosamente fácil de hacer, enormemente relajante y a la vez increíblemente vigorizante, como nada que hubiera experimentado antes. De alguna manera supe desde el principio que quería enseñárselo a los demás; y, en particular, quería enseñárselo a niños de escuelas de barrios pobres. Unos años después, en enero de 1972, interrumpí mis estudios durante un semestre y me matriculé en un curso de posgrado de cinco meses de duración para la formación de profesorado de MT que impartía Maharishi Mahesh Yogi, físico de formación y el profesor de meditación más destacado de esa generación. Durante el curso, Maharishi y un equipo de neurocientíficos, médicos y psicólogos analizaron los conocimientos antiguos y modernos de la ciencia de la consciencia, así como el impacto del estrés y los traumas en el cerebro y el sistema nervioso. Aprendimos los mecanismos únicos de la práctica de la MT y el papel de esta meditación en el desarrollo de la creatividad y la inteligencia, al parecer ilimitadas, que alberga la mente humana, así como su capacidad para abordar muchos de los espinosos males de la sociedad. Y lo que es más importante, Maharishi nos instruyó en la técnica, sencilla pero precisa, de cómo enseñar individualmente a cualquier persona a *trascender* —a acceder sin esfuerzo a la profunda calma que hay en el interior de todo ser humano— con un programa diseñado específicamente para esa persona.

Desde que empezó a enseñar MT en 1958, Maharishi se centró en la investigación y la comprensión de la ciencia de la meditación trascendental. Desafió a doctores de Harvard, de la UCLA y otras facultades de Medicina a que estudiaran los cambios neurofisiológicos durante

y después de la técnica. Los resultados son meridiana-
mente claros hoy. Desde entonces, más de cuatrocientos
estudios científicos han demostrado los múltiples beneficios de la técnica de la MT en la mejora del funcionamiento cerebral y cognitivo, la salud cardiovascular y el
bienestar emocional. Dichos estudios se han publicado
en destacadas revistas científicas con procesos de evalua-
ción externos, como la *JAMA Internal Medicine,* de la
Asociación Médica Estadounidense, y *Stroke* e *Hypertension,* de la Asociación Estadounidense del Corazón, entre
otras. (Evidentemente, es muy importante que esos trabajos de investigación se validen. El arbitraje médico supone que unos expertos evalúan la credibilidad del estudio, y garantizan que los profesionales clínicos que
participan en ese estudio cumplen los protocolos de calidad establecidos). Los Institutos Nacionales de la Salud
estadounidenses han proporcionado decenas de millones de dólares para el estudio de los efectos de la MT
sobre el estrés y la salud cardiovascular, mientras que el
Departamento de Defensa de Estados Unidos ha conce-
dido varios millones de dólares para analizar su impacto
en el trastorno por estrés postraumático (TEPT) en veteranos de las guerras de Irak y Afganistán.

El cambio ha tardado en llegar, pero en la actualidad
la técnica de la meditación trascendental está reconocida

como tratamiento y modalidad preventiva para muchos trastornos que tienen su origen en el estrés de nuestro tiempo, además de como herramienta sumamente práctica para mejorar de forma notoria la salud y el rendimiento. De la misma manera que ahora reconocemos la importancia del ejercicio y la alimentación saludable, el mundo ha avanzado mucho respecto a la comprensión de la importancia decisiva de la meditación en general y de la meditación trascendental en particular.

Claro que no siempre fue así. Al principio, cuando empecé a trabajar, a veces la forma más rápida de poner fin a una conversación consistía en decir que era profesor de meditación. Ahora, si alguien me pregunta qué hago, ladea la cabeza cuando digo que dirijo una organización sin ánimo de lucro que enseña meditación trascendental. En general, esa persona abre mucho los ojos y dice: «Ah, eso me vendría bien a mí».

Entonces ¿qué ha sucedido? ¿Por qué hay tanto interés en la meditación? Yo lo atribuyo a una tormenta perfecta de tres factores:

Uno, vivimos una epidemia de estrés. Nos enfrentamos a más estrés tóxico ahora que en ningún otro momento de la historia. El estrés debilita el sistema inmunitario, dificulta el desarrollo cognitivo y emocional y eleva la presión arterial, razón esta última por la que diez millones de personas corren el riesgo de padecer una enfermedad cardíaca, principal causa de muerte en los tiempos que vivimos. El estrés tóxico contribuye también a un alarmante abanico de trastornos: alimentarios, del sueño, del aprendizaje, obsesivo-compulsivo, bipolar, y otros. Acelera el proceso de envejecimiento y acorta la esperanza de vida. Día tras día, el estrés nos llena de tanta tensión y ansiedad que con frecuencia hasta es difícil disfrutar de las pequeñas cosas que antes nos hacían felices.

Viajo mucho debido a mi trabajo, y veo ese estrés en la cara de las personas con las que me encuentro. Independientemente de quiénes sean, de dónde sean o de lo que hagan, todas me dicen que muchas veces reaccionan de forma exagerada ante los pequeños contratiempos, ya no hablemos de los mayores desafíos de la vida. Reconocen que dan un respingo al oír el incesante sonido del teléfono móvil, y les atemoriza encontrarse con la bandeja de entrada repleta de mensajes. No es imaginación suya: el estrés, de hecho, agudiza nuestra sensibilidad a nuevos desencadenantes de estrés. En otras palabras, el estrés engendra más estrés. Sin ninguna exageración, y para ser descarnadamente francos al respecto, el estrés mata.

Y ahora todos estamos en contacto permanente, viviendo en un mundo conectado las veinticuatro horas del día, siete días a la semana, que no para nunca. Estamos saturados de información, exigencias y estímulos sensoriales. Estamos atrapados en un interminable bucle de peticiones para que leamos, revisemos, tomemos una decisión, guardemos, borremos, contestemos y pasemos a la siguiente petición. Cuantos más triunfos conseguimos, más decisiones arriesgadas nos vemos obligados a tomar.

En efecto, mucha gente trabaja demasiado, y, sí, a mucha gente no le gusta su trabajo. Pero también me encuentro con personas que aman su trabajo y que disfrutan con la presión. Piensan que ojalá el día tuviera más horas para hacer las cosas. En la plenitud de sus carreras, la gente disfruta con los retos. Pero tanto si nos gusta el trabajo como si lo detestamos, el estrés físico y emocional acaba pasando factura. Se puede disfrutar del trabajo, pero aun así vérselas y deseárselas para hacerlo eficazmente si resulta difícil levantarse de la cama porque nos despertamos rendidos o desanimados por un trasfondo constante de inquietud. O a lo mejor nos despertamos pletóricos de energía, pero esa energía decae después de mediodía, y ni siquiera un par de cafés nos dan el impulso necesario para terminar el día. Cosas que antes no nos molestaban empiezan a hacerlo. Por primera vez, tenemos dolores de cabeza debidos a la tensión, o recurrimos a somníferos para conciliar el sueño.

Es un círculo vicioso. Hemos leído el diagnóstico y el pronóstico, y ninguno de los dos es halagüeño. El estrés les cuesta a las empresas estadounidenses más de trescientos mil millones de dólares al año debido a que sus sobrecargados empleados están cada vez más desmotivados, exhaustos, sin objetivos y con síndrome de agotamiento profesional.[1] En Reino Unido, el estrés es la razón más frecuente por la que los empleados reciben bajas de larga duración por enfermedad, más que por lesiones por movimientos repetitivos, enfermedades coronarias y cáncer.[2] Y en Japón, el Gobierno ha catalogado oficialmente el estrés tóxico como un fenómeno mortal, con un Ministerio de Trabajo que elabora estadísticas de *karoshi* (muerte por exceso de trabajo) desde 1987.[3]

E iniciamos a nuestros hijos en ese camino a edades cada vez más tempranas. Hace poco estuve en una clase de niños de segundo de primaria. Miraba todas aquellas caritas mientras les explicaba el trabajo que hago. En términos delicados, les hablé de los adultos que se sentían estresados, y pregunté de manera despreocupada: «¿Cuántos de vosotros os sentís estresados?».

Todos, sin excepción, levantaron la mano. ¡Niños de segundo de primaria! Me quedé atónito. El estrés no solo afecta a los niños que viven con estrecheces, en ambientes de violencia y hogares inestables. Los pediatras ven cada vez más niños de familias acomodadas con niveles de ansiedad como los de los adultos que pueden vincularse a la presión por alcanzar un buen rendimiento escolar.

Así que somos conscientes de que tenemos un problema, y sabemos que necesitamos una solución. La segunda razón de este repentino interés por la meditación estriba en que no existe una píldora mágica que nos libre de esa epidemia. Por lo general, es ahí donde buscamos las respuestas: en el botiquín. Seguro que hay un valiosísimo tesoro de medicamentos para manejar todas esas abrumadoras dolencias relacionadas con el estrés. Tomamos Ambien para dormir, Xanax para calmar los nervios, y Adderall para aumentar el rendimiento en el trabajo. O recurrimos a drogas sin receta, por así decir, para enmascarar los síntomas, y tomamos múltiples tazas de café para pasar el día. Y después unas copas de vino para relajarnos a última hora de la tarde. Y los niños, a edades cada vez más tempranas, dependen de antidepresivos, ansiolíticos y medicación para controlar los trastornos por déficit de atención.

Pero la verdad es que poco ofrecen las empresas farmacéuticas para prevenir o curar el estrés tóxico. La Asociación Estadounidense de Psicología llegó a la conclusión de que su estudio nacional de 2014 «describe un panorama de altos niveles de estrés y unos mecanismos de defensa ineficaces que parecen estar arraigados en nuestra cultura, perpetuando unos estilos de vida y unos patrones de comportamiento poco o nada saludables para las generaciones futuras».[4] Los fármacos de la gran industria farmacéutica (Big Pharma) con frecuencia resultan ineficaces, y aquellos que funcionan pueden tener peligrosos efectos secundarios. Dado que los riesgos no dejan de crecer, cada vez son más las personas que buscan soluciones en otra parte.

Lo que nos lleva a la tercera razón del auge del interés por la meditación: ciencia, ciencia y más ciencia. Hay tantas pruebas que validan los beneficios de la meditación que hasta los más escépticos tienen que reconocer (puede que a regañadientes) que algo significativo, algo importante, ocurre cuando meditamos.

Pero ¿qué significa «meditar»? La meditación y el *mindfulness* están de moda en la cultura de masas, pero también reina una gran confusión. ¿Qué es exactamente?

Cuando hablo de meditación, utilizo una analogía. Les digo a mis alumnos: Estáis en un pequeño bote en medio del océano Atlántico, y, hasta donde os alcanza la vista, lo único que hay es una gran extensión azul.

Pero, de repente, el agua empieza a picarse y os veis rodeados de enormes olas de nueve metros. Y fácilmente podríais pensar: «¡El océano entero está levantándose!».

¿El océano *entero*? En realidad, no. Porque si pudiéramos mirar una sección transversal hacia abajo, veríamos que solo la superficie está agitada. El Atlántico tiene varios kilómetros de profundidad, y el fondo del océano está en calma. Allí abajo hay una inmensa extensión de paz y tranquilidad que no se ve afectada por la turbulencia de arriba.

Como las olas en la superficie del océano, la superficie de la mente puede estar activa, incluso ruidosa y turbulenta. Hay quien describe la superficie de la mente como la «mente inquieta» *(monkey mind)*. A mí me gusta llamarla la mente «tengo que, tengo que, tengo que». La mente hiperactiva tipo A está siempre pensando «Tengo que hacer esto. Tengo que hacer lo otro. Tengo que llamarlo. Tengo que llamarla. Tengo que hacer una lista. Tengo que encontrar la lista. Tengo que hacer otra lista. Tengo que bajar el ritmo. Tengo que irme. Tengo que dormir, tengo que levantarme».

¿Les suena?

Casi todo el mundo ha vivido esa experiencia. Y casi todo el mundo ha pensado en algún momento: «Necesito un descanso de todo este ruido mental; de este parloteo mental constante. Me gustaría tener un poco de calma interior, de claridad interior, de creatividad interior, de enfoque interior, de paz interior».

La palabra clave aquí es *interior*. Y la pregunta es: ¿existe esa cosa llamada *interior*? Y si es así, ¿cómo accedemos a él?

«Cómo accedemos a él» ha sido el dominio de la meditación desde tiempos inmemoriales. La meditación se ha asociado con ideas de ecuanimidad interior, claridad, atención, creatividad, fortaleza. Pero, claro, hay muchas clases diferentes de meditación. ¿Son todas iguales? ¿Todas funcionan?

Llevo mucho tiempo practicando y enseñando meditación. Cuando empecé a ejercer, la palabra «medito» —si se tomaba en serio— con frecuencia expresaba cosas como «hago *jogging*», «escucho música relajante», «observo cómo mis pensamientos vienen y van», «respiro profundamente» o «repito un sonido mentalmente». Todo se agrupaba bajo el gran paraguas de la «meditación».

Pero ahora ese supuesto ya no se sostiene. Gracias a la neurología sabemos que, en esencia, hay tres planteamientos diferentes de la meditación. Ello es así porque cada experiencia específica cambia el cerebro de forma específica: el cerebro no responde de la misma manera cuando escuchamos música clásica que cuando escuchamos música electrónica, cuando vemos una película romántica o una de terror. Del mismo modo, los científicos han encontrado marcadas, e importantes, diferencias en la forma en que funciona el cerebro durante estas diferentes prácticas. Asimismo, los sistemas cardiovascular, respiratorio y nervioso responden cada uno de manera diferente a cada técnica de meditación.

Comprender estos tres enfoques es importante porque cada uno requiere diferentes grados de esfuerzo y dificultad para practicarlo; cada uno impacta en el cerebro de manera diferente; y cada uno produce un resultado distinto para la salud mental y la corporal.

Estas tres técnicas son: atención focalizada, atención abierta y trascendencia automática.[5]

La meditación de atención focalizada incluye la clásica descripción de la meditación en la cultura popular: una persona sentada con la espalda recta, las piernas cruzadas en el suelo o sobre un cojín, los ojos cerrados, ensimismada en un estado de profunda y firme paz interior. Quien haya asistido a clases de yoga es probable que haya conocido este enfoque. Los pensamientos se consideran disruptores de la calma mental, por lo que se pide al alumno que minimice —o, mejor aún, que detenga—, las divagaciones de la mente «inquieta», para vaciarla de pensamientos.

Volviendo a la analogía del océano, intentar vaciar la mente de pensamientos es como querer detener las olas de la superficie del mar. Requiere una hipervigilancia constante, y a muchas personas les cuesta demasiado trabajo. Algunas se rinden, e insisten: «No puedo hacerlo. La meditación no es para mí».

¿Cómo afectan las técnicas de meditación de atención focalizada al cerebro? Una forma de saberlo es mediante una electroencefalografía (EEG), la cual mide la actividad eléctrica del cerebro. Las lecturas de EEG tomadas mientras los sujetos del estudio practican meditación de atención focalizada muestran que esas técnicas activan las ondas gamma del córtex prefrontal izquierdo, que es la parte del cerebro implicada en los procesos de toma de decisiones. Eso significa que la actividad eléctrica en el cerebro alcanza una frecuencia por segundo de, aproximadamente, 20 a 50 hercios (Hz), o ciclos por segundo. Se ven resultados similares cuando un estudiante se concentra en un problema matemático, lo cual tiene sentido, porque las ondas gamma se encuentran cuando uno se enfrasca en una tarea desafiante.

En contraste con el intento de apartar todo pensamiento de la mente, la segunda categoría de meditación, la meditación de atención abierta, consiste en aprender a observar los pensamientos desapasionadamente, sin enjuiciarlos, según vienen y van. Ello es porque no se considera que los pensamientos en sí mismos sean los que alteran la calma, sino que es el contenido o el significado de los pensamientos lo que puede alterarla. Así pues, aprendemos a tener pensamientos sobre disgustos en el trabajo o sobre un agravio recurrente con un colega mientras permanecemos calmados, inalterados y presentes.

Volvamos a la analogía del océano. Estamos en ese pequeño bote, y en lugar de intentar detener las olas, las observamos subir y bajar sin emoción. Mientras eso ocurre, generamos ondas cerebrales theta, con unos patrones eléctricos que se ralentizan de 6 a 8 Hz, como cuando soñamos despiertos. Las ondas theta se asocian con la creatividad, la fantasía y las tareas de la memoria. Varios estudios sobre prácticas de *mindfulness,* muchas de las cuales se incluyen en la clasificación de meditación de atención abierta, muestran también ondas cerebrales alfa-2 (entre 10 y 12 Hz) en la parte posterior del cerebro. Estas ondas se asocian con la desconexión de áreas cerebrales —en este caso, el sistema visual— y las ondas beta (entre 16 a 20 Hz), lo que significa que estamos activamente ocupados en dirigir nuestra atención. Además, la neuroimagen muestra que tales prácticas de *mindfulness* activan las cortezas cingulares anteriores, las cuales están relacionadas con las emociones, el aprendizaje y la memoria.

La meditación de atención abierta puede ayudarnos a estar más presentes y centrados durante experiencias estresantes. Puede ayudar a calmar la amígdala —el área del cerebro que gobierna las emociones y la conducta emocional—, de manera que no reaccionemos de forma excesiva ante una situación. Podemos tomarnos unos minutos, respirar profundamente, fijarnos en cómo estamos reaccionando, tranquilizarnos y volver a entrar en liza. Para muchas personas, se trata de una herramienta útil y práctica para afrontar los problemas.

La meditación de atención abierta es un proceso cognitivo como la meditación de atención focalizada. Por definición, mantiene la atención en el momento presente, en ese nivel en el que presenciamos el pensamiento del nivel superficial de la mente.

He tenido la suerte de aprender meditación de atención focalizada y meditación de atención abierta con algunos de los mejores profesores, de manera que conozco de primera mano que ambas prácticas son valiosas. Pero la que yo practico regularmente desde hace casi cincuenta años —la que encuentro más fácil de hacer y la que reporta los beneficios más inmediatos y a largo plazo para el cuerpo y la mente— es el tercer tipo: la meditación de trascendencia automática.

La meditación trascendental entra en esta categoría. Volvamos a la analogía del océano una vez más: hay olas activas, a menudo turbulentas, en la superficie, pero el fondo está en calma. Del mismo modo, planteamos la hipótesis de que mientras la mente está activa en la superficie, en lo profundo hay un nivel en el que está en calma pero alerta; silenciosa pero espabilada por completo. Los textos antiguos de meditación se refieren a este nivel como la «fuente del pensamiento» o «consciencia pura», un territorio de creatividad ilimitada, inteligencia y energía interior. Los científicos ofrecen una descripción más aséptica: un estado de «alerta apacible». Está ahí. En lo profundo. Ahora mismo y en todo momento. Lo creamos o no. El problema radica en que hemos perdido el acceso a él.

El propósito de la MT es abrir la puerta a ese territorio sin límites. No hay concentración ni control de la mente; nada guiado; ninguna indicación ni observación pasiva. En cambio, la MT sencillamente permite que la mente de pensamiento activo se instale en su propio estado de calma interior, que se encuentra en el nivel más profundo de la consciencia, el que va más allá, el que *trasciende* a todos los pensamientos y sentimientos. Es nuestro callado yo interior, antes de que empecemos a pensar, crear, planear, hacer listas, decidir, preocuparnos o festejar. Siempre ha estado ahí, dentro de nosotros. Simplemente se pierde o se eclipsa con facilidad debido al ruido y las constantes distracciones del día.

En el contexto de la analogía del océano diríamos que no intentamos controlar esas olas turbulentas de la superficie, y tampoco las observamos de modo desapasionado. Sencillamente accedemos a la calma de la profundidad del océano.

Es como un esprínter que reduce la velocidad desde una carrera rápida a un trote ligero, luego a un paseo lento, hasta quedarse parado y sentarse. Es la misma persona, solo que con diferentes grados de actividad. Así de fácil.

Las lecturas del EEG y las imágenes cerebrales revelan que la meditación trascendental fortalece las conexiones neuronales entre las diferentes zonas del cerebro, también dentro de la corteza prefrontal, con lo que se potencia un mejor aprendizaje y una mejor toma de decisiones. Calma la amígdala cerebral —esa sensible central de alarma del estrés—, que es importante porque si está sobreexcitada nos hace reaccionar de manera exagerada tanto a pequeños problemas técnicos como a los grandes retos del día. O puede paralizarnos, haciendo que rehuyamos nuevos pero factibles retos.

Durante la práctica de la MT, nuestro patrón de ondas cerebrales característico cambia a alfa-1 (de 8 a 10 Hz), lo que se ve principalmente en la parte delantera del cerebro, la corteza prefrontal. Alfa-1 indica que la mente está en profundo reposo, reflexiva y totalmente despierta. La MT activa la red neuronal por defecto, una red a gran escala del cerebro que está ligada a la mejora de la creatividad y la toma de decisiones. También actúa sobre el núcleo accumbens, el centro de recompensa del cerebro, que se asocia con la felicidad e incluso con la euforia. Al mismo tiempo, hay un incremento del flujo sanguíneo al cerebro, lo que significa que este está recibiendo más alimento. Finalmente, y de manera exclusiva, el cuerpo consigue un profundo estado de descanso y relajación que va acompañado de una mayor atención mental. Esto significa que la MT proporciona algo más que descanso. Produce descanso profundo y alerta interior a la vez; o, como he dicho, un estado único de alerta reposada.

La experiencia de esa alerta reposada desencadena una constelación de cambios neurofisiológicos y bioquímicos en nuestro organismo, entre los que se incluyen una reducción de la presión arterial elevada; un incremento de la respuesta galvánica de la piel, que es un indicador de profunda calma fisiológica; una reducción del 30 por ciento en el cortisol, la hormona del estrés; y un incremento de la serotonina, que es el neurotransmisor, o sustancia química cerebral, asociado con el equilibrio del estado de ánimo y la felicidad. Nuestro cuerpo lo hace automáticamente cuando el cerebro funciona de una forma más integrada y coherente. Y aquí viene lo más importante: esos efectos son acumulativos. Los beneficios de la meditación duran todo el día, muchas horas después de haber terminado nuestros veinte minutos.

Mi amigo y estudiante el doctor Peter Attia a veces prescribe MT a quienes acuden a sus oficinas en Nueva York y San Diego. El doctor Attia fue cirujano en el hospital Johns Hopkins, especialista en cirugía oncológica en el Instituto Nacional del Cáncer, y ha contado con el apoyo de los más destacados lipidólogos, endocrinólogos, ginecólogos, fisiólogos del sueño y expertos en envejecimiento de Norteamérica. Este doctor, que se mantiene en un excelente estado de forma, está tan interesado en la fisiología humana que lleva puesto un medidor continuo de glucosa veinticuatro horas al día, los siete días de la semana, y un aparato para medir con precisión la calidad del sueño mediante la variabilidad del ritmo cardíaco todas las noches. Él es su propio caso de estudio en la búsqueda de la excelencia fisiológica. Su pasión es su consultorio médico, Attia Medical, que está centrado en la ciencia aplicada de la longevidad y el rendimiento óptimo. Sus clientes son grandes estrellas en sus respectivos campos profesionales; son esa clase de personas que trabajan al máximo rendimiento. Ahora muchos de ellos hacen MT por recomendación suya.

«Siempre cuento esta broma en la clínica», dice el doctor Attia. «No tengo nada en contra de los Toyota, pero no disfruto poniendo a punto Toyotas, yo quiero tunear Ferraris». La metáfora describe a sus pacientes perfectamente. «Cuando corres al límite de la máquina, como un Ferrari —dice—, todo importa. Solo que a veces es más obvio cuando haces una mejora en condiciones de estrés elevado, y por estrés no me refiero a estrés fisiológico, sino a estrés global, como el estrés de la máquina».

La mayoría de sus pacientes, hombres y mujeres, son auténticos líderes que quieren trabajar más durante más tiempo, crear más empresas, pertenecer a más consejos de administración; en esencia, cambiar el mundo de una forma u otra. Mientras los retos que desarrollan sus pacientes los llevan a la primera página del *Wall Street Journal,* el estrés asociado de su trabajo puede matarlos. «Si la única forma de tratamiento consiste en evitar todos los agentes estresantes, me temo que estaremos jugando al juego de Dale-al-topo —me dijo—. Una estrategia más inteligente es: ¿podemos modificar nuestra *respuesta* al estrés? La meditación, en términos generales, es una herramienta. Y en mi opinión, la MT es una gran aplicación de esa herramienta».

Casi todas las personas a las que enseño —el gerente de cartera que opera en un mercado inestable, el padre de familia que tiene dos empleos para llegar a fin de mes o el licenciado que siente la presión de la inminente defensa de su tesis doctoral— dicen que quieren seguir rindiendo a niveles cada vez más altos. Y al mismo tiempo, no quieren estar agobiados, sin poder dormir por la noche. La meditación, correctamente entendida y practicada, da respuesta a estas dos inquietudes a la vez, accediendo al territorio del silencio, la creatividad y la energía interior. Esa es la fortaleza que reside en la calma.

Este libro se compone de tres pilares. En el primero explico qué es exactamente la técnica de la MT, cómo funciona, qué hace y de dónde procede. En el segundo expongo lo que puede esperarse cuando se aprende esta práctica, y profundizo en las investigaciones médicas y cerebrales que muestran cómo la MT ayuda a sanar el cuerpo, mejora la respuesta al estrés y optimiza la función cerebral.

El tercer pilar pretende servir de inspiración y guía a todos aquellos que quieran iniciarse en esta práctica y desarrollar su yo creativo más íntimo. En este último pilar conocerán a personas de todos los ámbitos de la vida —ejecutivos, artistas, veteranos de guerra y estudiantes— que han visto cómo la MT les ha cambiado la vida para mejor. También hablaré un poco más de mi propia experiencia y de los beneficios que la técnica de la MT me ha reportado. Además, el libro está salpicado de momentos de meditación, en los que otras personas cuentan lo que es meditar para ellas, y, más importante aún, cómo se sienten durante todo el día.

Momento de meditación
El arma secreta

A Orin Snyder no le asusta la palabra ganar. Considerado uno de los mejores abogados litigantes del mundo, Orin ha representado a Facebook y Bob Dylan, se ha encargado de pleitos de millones de dólares, y ganado la reputación de «perro de presa» y «abogado más letal en tecnologías». Recientemente nos hemos visto en su despacho del bufete Gibson Dunn, situado en lo alto del MetLife Building de Manhattan, para hablar de cómo la MT le ha ayudado a convertirse en implacable defensor de sus clientes.

Siempre he sido muy activo y atlético, pero hace dos años empecé a entrenar con pesas casi por la misma época en que empecé a meditar. Considero ambas cosas muy cercanas. Si levantas pesas con regularidad veinte minutos al día, desarrollas musculatura física. Esa inversión de veinte minutos transforma tu cuerpo completamente. Lo mismo puede decirse de la MT: si meditas veinte minutos dos veces al día, desarrollas lo que a mí me gusta llamar el «músculo frío» que está inerte en muchos de nosotros.

Aprendí a meditar ante todo para lograr tener más calma interior. Quería preocuparme menos. Hacer meditación ha supuesto un cambio radical en lo que se refiere a mi felicidad personal. Pero la constancia en la práctica de la meditación ha producido también beneficios imprevistos en mi vida profesional. La MT me hace más eficaz como defensor para mis clientes porque mantengo más la calma y me aporta claridad mental.

En todas las ocupaciones y empeños profesionales, la meditación puede servir de potente arma secreta. Yo lo llamo el factor X para lograr trascendencia en la vida profesional. La trascendencia en el trabajo se traduce en triunfos. Seas gestor de fondos de cobertura, abogado o bailarina, la MT te ayuda a alcanzar el siguiente nivel de tu actividad profesional al reforzar la concentración y la determinación. A menudo oigo decir que la MT es solo para personas que están interesadas en una vida interior serena o en un mundo de vida comunitaria en una sociedad posutópica libre de conflictos y competitividad. Eso es un mito.

Pondré un ejemplo. Con frecuencia tengo que volar a la Costa Oeste por razones de trabajo. Solo el año pasado hice quince viajes o más. Por lo general, tengo que realizar alguna tarea nada más llegar, ya sea asistir a una audiencia, una reunión de junta directiva, o una presentación de cliente. Con frecuencia me siento exhausto, y siempre tengo múltiples obligaciones que me exigen mucho tiempo y concentración mental.

Recientemente volé a California para ir a una reunión importante. Me desperté a las cuatro de la mañana para coger el vuelo de las seis, y durante las siete horas que estuve en el avión trabajé intensamente para preparar una presentación. Llegué, y como la presentación fue como la seda, regresé a Nueva York en un vuelo nocturno ese mismo día. Estaba cansadísimo, pero en lugar de dormir, me puse a preparar otra reunión para la mañana siguiente. Me dediqué a estudiar un montón de información sin haber pegado ojo, y para cuando aterricé en el JFK, sustancialmente preparado, me sentía agotado.

Fui a casa a ducharme, afeitarme y cambiarme de traje. Tomé un taxi en la zona residencial y me dirigí al centro de la ciudad para la reunión en mi oficina. Podría haberme quedado dormido ahí mismo, pero no había duda sobre lo que necesitaba hacer: meditar. Me sentía atraído hacia ello como un perro a un hueso. Por suerte, el tráfico en Park Avenue no me falló, y nos encontramos con un atasco enorme. A pesar de los bocinazos y los juramentos de los taxistas, cerré los ojos y medité profundamente durante veinte minutos.

Recuerdo el momento en el que salí del taxi vívida e incluso físicamente. Abrí la puerta en Park Avenue, y cuando pisé la calle, me sentía vivo y rejuvenecido de una manera que me sobresaltó. Llevaba practicando MT lo bastante como para haber desarrollado una reserva de calma a la que accedí cuando me sumí en mi interior durante esos veinte minutos. Y los beneficios fueron inmediatos: mi cuerpo me recompensó con energía y lucidez. Esa reserva de fortaleza que había desarrollado a lo largo de todas mis meditaciones estaba preparada para activarse.

Bordé la reunión y me sentí como nuevo durante todo el día. Es más, hice una segunda meditación aquella tarde en una sala de conferencias vacía. Necesitaba otro impulso, otra dosis de energía. Volví a casa esa noche y me fui directo a la cama. Pero aquella meditación en el taxi fue mi fuente de energía, concentración y éxito. Ahora bien, no estoy diciendo que haga falta tener mi demencial agenda para beneficiarse de la MT. La meditación trascendental es buena para todo el mundo.

PILAR UNO

Una definición práctica

¿Qué es exactamente la meditación trascendental? Para definirla, siempre empiezo con tres adjetivos: sencilla, natural y sin esfuerzo.

La MT es sencilla no porque sea superficial o una meditación para principiantes, sino porque hay una elegante sencillez en su práctica.

Es natural porque no hay sugerencias ni manipulación alguna.

Es sin esfuerzo porque no requiere concentración ni control.

He aquí lo que la MT no es:

No es una religión. Alrededor de ocho millones de personas de todas las religiones, y también sin creencias religiosas, han aprendido MT en los últimos sesenta años.

No es una filosofía. La MT es una técnica que se aprende y se practica a solas; nada más.

No supone un cambio en el estilo de vida. Una vez que se aprende a meditar, no hay que cambiar la dieta y de repente empezar a comer tofu (¡a menos que a uno le guste!).

Y, por último, no hay nada en lo que creer. Se puede ser escéptico cien por cien, y no importa. La técnica funciona igualmente tanto si se cree en ella como si no.

La MT no es una destreza adquirida que se nos da «mejor» tras semanas o meses de práctica. Se domina en unas horas a lo largo de unos días, y ya no se olvida nunca.

Como he mencionado antes, la MT se practica durante veinte minutos, dos veces al día, sentado cómodamente en una silla (o en la cama o en cualquier sitio en el que se esté cómodo), con los ojos cerrados. Puede practicarse en la intimidad del hogar, pero puede hacerse con la misma facilidad en un tren, un avión o un coche (¡siempre y cuando conduzca otra persona!). Es una técnica silenciosa, así que cuando meditamos no molestamos a nadie. Si sentimos un picor, no hay nada que nos impida rascarnos. Una vez enseñé a un ejecutivo de una compañía discográfica, y cuando le dije que podía moverse durante la meditación, los ojos se le llenaron de lágrimas de alivio. Durante décadas, había tratado de dominar diferentes técnicas de meditación que requerían concentración y control de la mente y el cuerpo. Siempre le parecía que fracasaba si tenía demasiados pensamientos o necesitaba rascarse o mover una pierna para estar más cómodo.

Es más, si nos entra sueño durante la meditación, no hay que combatirlo. No pasa nada. Si nos quedamos dormidos porque estamos cansados, normalmente será solo durante uno o dos minutos, y luego nos despertaremos descansados y como nuevos y continuaremos con la práctica. Eso solo significa que nuestro cuerpo necesitaba ese profundo descanso extra. Tales momentos son parte de la meditación.

Quizá la idea de meditar resulte atrayente, pero la realidad de tratar de sentarse sin moverse durante veinte minutos puede parecer abrumadora, cuando no totalmente imposible. Bueno, pues puede hacerse. Enseño a niños de diez años con trastorno por déficit de atención e hiperactividad (TDAH), que antes no podían sentarse con los ojos cerrados durante más de treinta segundos, y les encanta. Si ellos pueden hacerlo, cualquiera puede.

¿Por qué tantas personas piensan que meditar es difícil? La respuesta está en un desafortunado malentendido sobre la naturaleza de la mente. Durante mucho tiempo, la actitud predominante ha sido la de que los pensamientos son los enemigos de la meditación —distraen, molestan y reducen los efectos—, y por lo tanto hay que minimizarlos, o eliminarlos por completo. Enseñé a Oprah Winfrey a meditar. Me dijo que ella pensaba lo mismo. Decía que no meditaba bien porque tenía muchos pensamientos que no podía evitar. Después de su primera experiencia con la meditación trascendental, se sintió manifiestamente aliviada. «Es tan sencillo y natural», dijo de la compasiva naturaleza del ejercicio. Oprah estaba tan satisfecha con la experiencia que nos pidió que enseñáramos a los cuatrocientos miembros de su equipo, tanto de Harpo, su productora, como de Oprah Winfrey Network.

Vamos a analizar los principios básicos de cómo funciona la MT.

A diferencia de otras prácticas de meditación, los pensamientos son parte del proceso en MT. No es necesario controlar nuestra «mente inquieta» (*monkey mind*); de hecho, nuestra mente no es ningún *monkey* al que haya que controlar. No deambula sin rumbo fijo porque nuestra mente no deambula en absoluto.

Fue clarividencia de Maharishi la idea de que la tendencia natural de la mente no es deambular sin dirección, sino buscar algo más satisfactorio, más agradable; mayor conocimiento, más felicidad. Y esta idea es la clave para comprender no solo cómo funciona la MT, sino también cómo difiere de otras formas de meditación.

Imaginemos que estamos en una habitación escuchando música mala cuando de repente empieza a sonar una música increíblemente buena en otra habitación. Es la mejor música que hemos oído en mucho tiempo. ¿Adónde se nos va inmediatamente la atención? A la buena música, claro. Y queremos bajar el volumen de la música mala y subir el de la buena.

O que estamos en una recepción previa a una cena de gala, acorralados en un rincón, oyendo cómo alguien que no conocemos perora sobre algo que no nos importa lo más mínimo. Se nos empieza a adormecer la mente. Pero de repente oímos que, a escasa distancia, un pequeño grupo de personas mantiene una conversación realmente interesante. Intentamos ser educados con la persona que tenemos enfrente manteniendo el contacto visual, pero la atención se nos va a la otra conversación, mucho más interesante.

O, finalmente, que nos vamos de vacaciones y nos llevamos dos libros. Uno es aburrido y no conseguimos pasar de la primera página. Y el otro es tan apasionante que pasamos horas leyendo sin darnos cuenta.

Estas tres conocidas experiencias tienen algo en común: la mente se ve atraída de manera natural a lo que le resulta más satisfactorio. No hay deliberación ni intelectualización, ni pausa para considerar las opciones o sopesar los pros y los contras, por ejemplo, de qué música prefieres. Si la música es genial, la mente se nos va automáticamente hacia ella.

En la incesante búsqueda de satisfacción o felicidad, la mente, a través de los sentidos, se vuelca hacia fuera, hacia el entorno. Probamos con una nueva película, con otro restaurante o lugar de vacaciones. Compramos ropa nueva o nos encontramos con un nuevo amigo. En esos casos, la felicidad viene de una experiencia externa. Es agradable, placentera... mientras dure. Pero es temporal, efímera. Las vacaciones se terminan, la película se acaba y el amigo se va a su casa. Y entonces inexorablemente nos vemos impelidos a buscar fuera la siguiente «felicidad».

Sin embargo, existe un territorio de satisfacción y felicidad que no fluctúa, que no es efímero, que sobrepasa todo lo «externo». Y ha de buscarse en el nivel más profundo y tranquilo de la mente pensante. La meditación trascendental tiende un puente que comunica la superficie con la profundidad. Utiliza la tendencia natural de la mente a buscar más satisfacción para dar a la atención una dirección hacia dentro, de manera que la atención se ve atraída hacia el interior de forma instantánea, automática y sin esfuerzo. La mente de pensamiento activo se instala en el nivel de consciencia más satisfactorio. Esta es la experiencia del «interior» que los textos de meditación han ensalzado durante siglos.

¿Cómo se accede a ese nivel? Con un *mantra,* que es una palabra o un sonido que sirve de vehículo para facilitar el proceso de pasar de la superficie a lo profundo, del ruido a la quietud. El mantra no lleva ningún significado asociado, y según antiguos textos de meditación es conocido que sus efectos son positivos y beneficiosos. Su único propósito es ayudar a la mente a acceder a esa calma interior sin esfuerzo.

¿Cómo se obtiene un mantra para la meditación trascendental? De la misma forma que lleva enseñándose desde hace unos cinco mil años. De un profesor cualificado. Él (o ella) dará un mantra al alumno y luego le enseñará a utilizarlo correctamente —de modo natural y sin esfuerzo—, sin concentración ni control de la mente. El alumno aprenderá los sutiles mecanismos de cómo dirigir la atención de los «tengo que, tengo que» mentales hacia su interior, de manera que automáticamente empiece a serenarse y a trascender hacia la calma. Aprenderá también a manejar la afluencia constante de pensamientos, los ruidos exteriores, la sensación de sueño, las ganas de rascarse, etcétera. El profesor estará con esa persona, y solo con ella, para responder cualquier pregunta que pueda surgir.

«¿Por qué necesito un profesor?» es una pregunta que antes oía mucho. ¿Por qué no puedo hacerlo solo? Aquí va una anécdota: Cuando tenía doce años, fui a un campamento de *boy scouts* en las montañas de Sierra Nevada, en California, en verano. Una abrasadora mañana de julio dimos una caminata de treinta y dos kilómetros cuyo recorrido incluía parajes montañosos con vistas espectaculares, así como terrenos rocosos y densos bosques. Nos dirigía un *scout* «Águila» mayor, un tipo llamado Bruce Wagner (sí, todavía recuerdo su nombre), que había hecho esa ruta durante muchos años. Bruce conocía todos los recodos, las torrenteras y dificultades del camino. Recorrimos los treinta y dos kilómetros como volando. Fue todo un desafío, divertido e increíblemente satisfactorio. Ahora, cuando miro hacia atrás, me pregunto si podría haber hecho yo solo aquel camino. Es posible. Aunque creo recordar que en algunos puntos las señales eran un tanto confusas. Lo que sí sé es que Bruce estaba allí para guiar cada paso del camino. Fue de gran ayuda.

Con todo, a algunas personas les molesta la idea de tener un profesor de meditación. No sé por qué. Queremos profesores cualificados para que nuestros hijos aprendan matemáticas, a tocar el piano o a nadar. Queremos que sean médicos cualificados quienes nos diagnostiquen las enfermedades y nos receten las medicinas.

Y ¿por qué no un profesor cualificado que nos guíe en nuestra práctica de la meditación a lo largo de la vida, no solo cuando aprendemos, sino también cuando nos surjan preguntas, o necesitemos ponernos al día?

Como he dicho, soy profesor desde hace más de cuarenta y cinco años. He enseñado a miles de personas, entre ellas a un buen número de escépticos. Cada persona que viene es única. Cada una tiene sus propias vivencias, dudas, preguntas, su propio ritmo de aprendizaje, etcétera. Siempre me maravillan la precisión y la eficacia de las pautas para enseñar a una persona a meditar. Y lo fácil que le resulta a todo el mundo practicar la técnica una vez que la han aprendido correctamente. De hecho, el comentario que más a menudo oigo después de haber enseñado a alguien a meditar es: «Ya sé que dijo que era sencillo, pero no tenía ni idea de que fuera tan fácil».

La facilidad del aprendizaje se confirmó en un estudio de 2017, el cual halló que muchos individuos que llevaban un mes practicando la MT presentaban la misma frecuencia de experiencias trascendentes que otros que hacía cinco años que la practicaban.[1] Así pues, tanto si se es nuevo en la práctica como si se es experimentado en MT, la trascendencia —ir más allá de la cháchara mental y alcanzar niveles de pensamiento cada vez más sutiles y sosegados— es connatural a la práctica porque la habilidad para trascender no es una destreza adquirida que requiera mucho esfuerzo. De hecho, no requiere esfuerzo alguno.

Comprender cómo funciona la meditación trascendental

1. La mente tiene diferentes niveles: los niveles superficiales de la mente pensante están activos, a menudo agitados, y a veces inflamados, mientras que los niveles profundos son más tranquilos y abiertos. El nivel más profundo es, por naturaleza, más satisfactorio.
2. Está en la naturaleza de la mente verse atraída sin esfuerzo a territorios de mayor satisfacción.
3. La MT orienta la atención hacia el interior, y, mediante el uso correcto de un mantra, la mente se instala de forma natural y sin esfuerzo en su apacible, silencioso y trascendente estado de consciencia.
4. Esta experiencia produce un estado único de alerta reposada, que es el meollo de la constelación de cambios neurofisiológicos en cuerpo, mente y comportamiento.

«¿Quién fue Maharishi Mahesh Yogi?», me pregunta la prensa con frecuencia. ¿Cómo un monje con estudios de física pero que vivía recluido en el Himalaya consiguió traer la meditación a millones de personas en las décadas de los cincuenta y sesenta, cuando la idea de la meditación se consideraba una tontería? Esta es una breve historia.

Después de licenciarse en Físicas en la Universidad india de Allahabad en 1941, Maharishi tuvo la oportunidad única de trabajar y estudiar estrechamente con su maestro Brahmananda Saraswati, conocido también como Guru Dev, durante trece años. A Guru Dev se le consideraba el estudioso de la consciencia más destacado de la tradición védica de su tiempo. Cuando Guru Dev falleció en 1953, Maharishi se retiró al pequeño pueblo de Uttarkashi, en las estribaciones del Himalaya indio. Allí se sumió en el silencio durante dos años, viviendo en soledad junto al río Ganges. En 1955 se lanzó a viajar solo y a enseñar la técnica de la meditación que él había aprendido de su maestro, y que se había transmitido durante miles de años de un maestro de meditación a otro.

En la India de aquellos primeros días, el mensaje de Maharishi —que la meditación era algo sencillo, fácil e independiente de cualquier credo religioso, y que todo el mundo debería tener acceso a ella— encontró resistencia en varios ámbitos, en particular entre ciertas personas a quienes les parecía que la meditación debía de ser una práctica de élite, pues requería una disciplina exhaustiva, mucho trabajo y austeridad durante décadas con el fin de empezar a dominar sus técnicas arcanas.

En contraposición, Maharishi decía que la meditación era un derecho inalienable de todo ser humano. No hay que ser un ermitaño, ni llevar túnicas vistosas, ni sentarse en posturas rígidas, ni llevar una determinada dieta para dominar la práctica y beneficiarse de los resultados. Cualquier persona puede meditar, sea de la clase o casta que sea. Si en lo más profundo de la mente existe ese territorio de silencio, existe para todo el mundo, independientemente de la educación, la religión, el sistema de creencias, la edad, la profesión o el estilo de vida de cada cual.

Al liberar la meditación de todos esos rasgos, Maharishi introdujo su perspectiva de científico en la enseñanza de la técnica. Al poco de llegar por primera vez a Estados Unidos en enero de 1959, Maharishi empezó a reunirse con científicos, animándolos a que estudiaran los efectos neurofisiológicos de la meditación trascendental. Hizo hincapié en que la MT, como cualquier otra medicina o modalidad de tratamiento, se fundamentaría sobre la base de sus beneficios comprobados científicamente.

Los primeros ensayos clínicos, realizados en las facultades de Medicina de Harvard y de la UCLA en 1968, se publicaron en las revistas *Science*, en 1970, y *Scientific*

American, en 1972, respectivamente. En el estudio de Harvard, los investigadores, liderados por el fisiólogo y doctor Robert Keith Wallace, estudiaron los cambios extraordinarios que se producían en los patrones de las ondas cerebrales durante la MT y lo correlacionaron con descensos del índice metabólico. El doctor Wallace y otros sugirieron que ese estado meditativo era un «importante cuarto estado de consciencia». Aquellos dos primeros estudios abrieron las puertas a la investigación de la MT y también contribuyeron a impulsar exhaustivas investigaciones sobre otras técnicas de meditación.

En aquellos primeros años, la prensa popular daba una imagen de Maharishi diferente del hombre con el que yo había tenido la oportunidad de trabajar durante más de cuarenta años. Durante los años sesenta, un monje con el pelo largo y vestido con un *dhoti* blanco era una rareza. La prensa se fijó en él por primera vez en agosto de 1967, cuando Maharishi daba una conferencia en el Hotel Hilton de Londres. Entraron tres muchachos, seguidos de muchos reporteros. Eran tres cuartas partes de los Beatles: Paul McCartney, John Lennon y George Harrison. (Ringo Starr estaba con su hijo Jason, recién nacido). Al día siguiente, Maharishi enseñó a los cuatro Beatles a meditar durante un curso en Gales. Todos ellos adoptaron la práctica de la meditación. En una entrevista con el periodista

David Frost, George Harrison, con su don de la palabra, describió la experiencia de la MT: «La idea es trascender a los niveles más sutiles del pensamiento. Y el mantra se hace cada vez más sutil hasta que finalmente incluso trasciendes el mantra. Entonces te descubres en ese nivel de consciencia pura».

«Cuando alcanzas ese punto —continuó George—, está más allá de toda experiencia normal, y ese nivel es eterno, infinito, sin identidad. Ni siquiera sabes cuánto tiempo has estado ahí. Solo tienes el contacto, y luego vuelves al nivel burdo de consciencia, a este nivel».

George Harrison había descrito lo que los textos antiguos sobre meditación de todas las culturas han ensalzado durante milenios: la trascendencia.

A menudo me hacen estas dos preguntas: ¿En qué se diferencia la MT de la meditación «convencional»? ¿Qué significa la palabra *trascendental* en meditación trascendental? Empecemos por la primera pregunta. *Meditación* significa pensamiento. Así que formas diferentes de meditación utilizan técnicas diferentes de pensamiento. Como ya he dicho, hay un pensamiento que mantiene la mente focalizada y controlada (atención focalizada), un pensamiento que mantiene la mente en el presente (atención abierta), y un pensamiento que permite a la mente acceder a la quietud interior, o trascender (trascendencia automática).

¿Y qué significa *trascendental*? ¿Y qué es la trascendencia?

Para algunas personas, *trascendencia* tiene un matiz extraño, casi místico o espiritual. El *Diccionario Merriam-Webster's Collegiate* define trascendencia como algo «que se extiende o encuentra más allá de los límites de la experiencia ordinaria».

La verdad es que no tiene nada de extraño. De hecho, buscamos la trascendencia constantemente, cada vez que queremos romper barreras, cada vez que ponemos a prueba nuestros límites. Queremos correr más deprisa, saltar más alto, aprender más, ganar más, ver más, sentir más. Buscamos el cambio. Nos aventuramos a salir fuera del territorio conocido de una u otra forma. Aceptamos un nuevo empleo que es más exigente y creativo. Hacemos algo que no habíamos hecho antes, como unirnos a un grupo de teatro o ir a clase de *spinning*. Vamos de vacaciones a un lugar exótico. Probamos otros restaurantes, otras cocinas. Hacemos algo que introduzca lo extraordinario en lo ordinario. Y nos sentimos vivos, llenos de entusiasmo y energía. Pero solo durante un tiempo, porque al final lo extraordinario puede convertirse en ordinario, también. Buscamos trascendencia, pero esta no surge haciendo pequeños cambios en nuestra vida diaria en un nivel horizontal, como reemplazar una ola por otra en la superficie del océano. La verdadera trascendencia es más profunda. Es vertical. Traspasa las olas y accede a la calma infinita que reside en lo más hondo. Y cuando experimentas esa pura calma interior, en la fuente del pensamiento, aunque solo sea un momento, se recuerda toda la vida.

Los grandes deportistas la llaman «la zona». El ruido de la multitud y la presión de los partidos importantes se disipan para el lanzador de béisbol en la última jugada, cuando todas las bases están ocupadas; para el alero de baloncesto en la línea de tiros libres; para el pasador de fútbol americano cuando interpreta el ataque defensivo mientras el reloj corre en su contra. Estos geniales deportistas se quedan solos con el juego mismo, como a cámara lenta y en silencio, en una secuencia perfecta de eventos impecables en el tiempo.

La gran tenista Billie Jean King condensó su experiencia de la zona de manera elocuente en su autobiografía *Billie Jean*. «Casi la siento venir —escribe—. Normalmente sucede en uno de esos días en los que todo va a la perfección, cuando hay un gran público entusiasmado y yo estoy tan concentrada que casi parece como si pudiera transportarme más allá de la agitación de la pista a un lugar de paz y calma total. Sé dónde va a estar la pelota en todos los golpes, y siempre la veo tan grande y bien definida como si fuera un balón de baloncesto. Es algo tan grande que no podría escapárseme ni aunque quisiera. Controlo el partido perfectamente, el ritmo y los movimientos de mi juego son excelentes, y hay un equilibrio total en todo. Es una combinación perfecta de una acción violenta que tiene lugar en una atmósfera de absoluta tranquilidad... Y cuando sucede, me gustaría detener el partido, coger el micrófono y gritar: "De esto se trata"».

Pero no les sucede solo a los deportistas. Neurocirujanos, abogados litigantes, maestros de escuela, músicos, madres y amas de casa también pueden experimentar la trascendencia. De hecho, puede ocurrirle, en mayor o menor medida, a todo el mundo. Como cuando abrazamos a un hijo recién nacido, y el tiempo pasa sin que nos demos cuenta. O cuando conectamos profundamente con el ser amado, y estamos envueltos en un momento que parece durar para siempre. O cuando el chaval que está echando unas canastas en el patio como por arte de magia, cuando nadie mira, encesta diez tiros seguidos: *swish, swish, swish*. O cuando el escritor que ha pasado un tiempo bloqueado de repente se encuentra con que las palabras adecuadas vuelven a fluir página tras página.

Esos son destellos de la zona, o trascendencia. Diferentes experiencias en distintos momentos, pero todas tienen en común el hecho de ser una acción imbuida de silencio, fluida, intemporal y satisfactoria más allá de lo normal. Lo importante es que empieza en el interior. Nos fijamos en esos momentos porque son significativos e indescriptiblemente satisfactorios.

Algunos de los más grandes poetas han hecho justicia a la experiencia. La descripción más detallada que he visto escrita está en «Líneas compuestas a unas millas de Tintern Abbey», de William Wordsworth:

[T]hat serene and blessed mood,
In which the affections gently lead us on,
Until the breath of this corporeal frame,
And even the motion of our human blood
Almost suspended, we are laid asleep
In body, and become a living soul:
While with an eye made quiet by the power
Of harmony, and the deep power of joy,
We see into the life of things.*

---

* Ese estado de ánimo sereno y contento, al que los afectos nos conducen suavemente, hasta que, con el aliento de este marco corpóreo, e incluso el movimiento de nuestra sangre casi en suspenso, queda dormido nuestro cuerpo y nos convertimos en alma viva: mientras, con la mirada en calma por el poder de la armonía, y el profundo poder de la dicha, escrutamos la vida de las cosas. *(N. de la T.).*

Pero para los que no somos poetas, poner en palabras lo que es la trascendencia puede ser todo un reto. ¿Qué se siente? Es como intentar describir la felicidad con palabras. O como contarle a qué sabe un kiwi a alguien que nunca lo ha probado. «No, no sabe exactamente como las naranjas, las peras o las fresas...». Podemos intentar explicar cómo es: «La carne verde brillante es dulce y tiene una textura jugosa, y unas diminutas semillas que le dan una ligera aspereza...». Pero nunca podremos transmitir la experiencia con precisión mediante las palabras. Hay que experimentarlo directamente.

La técnica de la meditación trascendental tiene muchas utilidades: reduce el estrés, despeja la mente, aumenta el rendimiento. Pero la más importante es experimentar la trascendencia. Y no una o dos veces en la vida, sino siempre que queramos, en mayor o menor grado, todos los días. ¿Siempre es como lo describen Billie Jean King o William Wordsworth? Por supuesto que no. Algunas veces la experiencia de la meditación es profunda; otras veces puede parecer rutinaria. Pero cada vez que meditamos, aunque tengamos la mente llena de millones de pensamientos, nos instalamos en unos niveles de la mente que son más profundos, más tranquilos, más satisfactorios. Y cuando lo hacemos, la ecuanimidad que experimentamos durante la meditación surge para vivirse cada vez más en cualquier momento de la vida. Y esa es una muy buena descripción de la zona.

Momento de meditación
Me encanta la energía

Jerry Seinfield empezó a hacer MT en 1972, cuando tenía dieciocho años. En 2009 coincidimos entre bastidores en el Radio City Music Hall durante un concierto benéfico para la Fundación David Lynch que tenía como objetivo recaudar fondos para enseñar a meditar a un millón de jóvenes en peligro de todo el mundo. Sintonizamos, nos hicimos amigos, y lo siguiente que recuerdo es que unos años después me encontraba en su casa de Long Island enseñando a meditar a toda su familia.

En una ocasión estábamos todos en la cocina, y Jerry mencionó que él meditaba todas las tardes. Le pregunté por la meditación de la mañana. Él me dedicó una mirada burlona y me dijo que solo meditaba una vez al día. Pero, inteligente como es, enseguida se dio cuenta de que quizá solo estaba obteniendo la mitad de los beneficios, incluso puede que menos. A su manera, tan carac-

terística, me ha contado recientemente lo que ha su-
puesto para él duplicar la sesión diaria de MT.

Dejé de hacer la sesión matinal temprana de MT porque no comprendía el valor de levantarme de la cama y entonces volver a... descansar. No me entraba ese concepto: levantarse de la cama, meditar y descansar un poco más. Pero era muy constante con la meditación de la tarde.

Luego empecé a hacer series de televisión en las que era la estrella del programa, el productor ejecutivo y el guionista principal. Me encargué del *casting* y la edición de entre veintidós y veinticuatro episodios por temporada para la televisión durante nueve años. Eso es mucho trabajo, y yo soy un tipo normal, no una de esas personas que parecen tener una fuente inagotable de energía.

Así que soy un tipo normal, pero aquella no era una situación normal. Todos los días, cuando los demás almorzaban, yo meditaba. Luego volvíamos al trabajo, y yo comía después. Así fue como sobreviví esos nueve años. Aquellos veinte minutos de MT a mediodía me salvaron.

Ahora sé que la vida de todos es dura y todos los trabajos son duros, pero cuando es tu nombre el que aparece en el programa, la presión es intensa. El programa tuvo éxito, y todo el mundo esperaba que cada semana fuera mejor que la anterior. Yo disfrutaba cada momento, aunque suponía mucha presión y mucho trabajo, y no habría podido conseguirlo sin la MT. Pero recuerda que solo meditaba una vez al día.

Cuando me recordaste la meditación de la mañana, todo cambió. Soy un tipo de sesenta y tres años con niños pequeños, y ahora, gracias a la MT, funciono a un nivel que no creía posible para alguien de mi edad. Me levanto a las seis de la mañana y medito antes de que mis hijos se levanten a desayunar. Me gusta mirarlos mientras toman los cereales, y ver cómo les gotea la leche por la barbilla.

Cuando digo que me levanto a meditar, la gente me pregunta qué se siente. No se siente gran cosa. Yo tampoco lo entiendo, pero aquí está la diferencia: desde aquel día, a la una de la tarde ya no estoy hecho polvo. Ya no cabeceo sobre el escritorio como antes. Ser escritor es una parte importante de ser humorista, y escribir es una actividad agotadora. Antes caía rendido mientras escribía y tenía que tumbarme en el sofá a echar una siesta. Ahora, a la una de la tarde me siento bien gracias a la meditación matinal de siete horas antes. Paso el día sin problemas, y hago una segunda meditación a las tres o las cuatro de la tarde.

Lo malo de ser un meditador de toda la vida es que no hay ningún grupo control para ver qué habría sucedido de no haber sido así. Pero sí sé que me encuentro mucho mejor cuando no estoy exhausto. Me encanta la energía. La busco y la quiero. Creo que esa es la razón por la que me entusiasma tanto la MT.

También sé que si hubiera meditado dos veces al día durante todos esos años, ¡*Seinfeld* aún se emitiría!

PILAR DOS

DÍA UNO

■

El comienzo

Vamos a ello. La técnica de la meditación trascendental se enseña a lo largo de cuatro días consecutivos, durante unos noventa minutos cada día. ¿Qué sucede en cada una de esas sesiones?

Primero, una vez que decidan que quieren aprender (porque lean este libro y/o asistan a una charla introductoria en el centro de MT de su zona), pero antes de dar el primer paso hacia la enseñanza individualizada, se reunirán con un profesor de MT durante unos minutos para preguntarle cualquier duda que pudieran tener sobre esta práctica. Para preparar mejor al profesor que va a enseñarles, se les pedirá que rellenen un impreso con una sencilla «entrevista» de una página. Las preguntas son muy básicas: las razones por las que quieren aprender MT, cuál es su estado de ánimo general y de salud, si duermen bien por la noche, si han practicado otras formas de meditación. Las respuestas a estas sencillas preguntas le son muy útiles al profesor a la hora de proporcionar una enseñanza personalizada.

Asimismo, durante este encuentro inicial, el profesor les hablará de la tradición de los grandes maestros de la meditación que han preservado el conocimiento de la trascendencia durante milenios, y de la forma tradicional en que un profesor de MT reconoce este linaje de maestros en la actualidad. Antes de que comience la clase, el profesor realizará una sencilla ceremonia de agradecimiento, que es una forma antigua de expresar gratitud al maestro. Se trata de una tradición cultural encantadora, en absoluto religiosa. Además, le recuerda al profesor que debe mantener la integridad y precisión de los pasos formativos para garantizar el máximo beneficio para aquellos que aprendan en el futuro. Al alumno no se le pedirá que participe en dicha ceremonia. El agradecimiento consiste en unas flores, fruta fresca, una vela y una varita de incienso y, para representar la tradición de profesores de meditación, un retrato del maestro de Maharishi, Guru Dev.

Enseño a centenares de fervorosos creyentes de todas las religiones, y cuando describo la ceremonia, al principio algunos piensan que podría ser religiosa. Pero cuando explico su objetivo, lo entienden. Honrar así a un maestro no es habitual en nuestro mundo moderno, pero tampoco del todo desconocido. Un cardiólogo al que enseñé dijo que era similar al juramento hipocrático que él hizo cuando se graduó en Medicina. Enseñé a un militar duro como el acero, y me dijo que le parecía muy conmovedora. Le recordaba a las ceremonias de honores en las que participó de joven cadete en la academia militar. A veces, los estudiantes tratan de ver significados que no hay en la ceremonia de agradecimiento. Hace poco uno me pidió que le explicara por qué utilizaba tulipanes blancos de ese día. «Me parecieron muy lozanos en la tienda», le respondí con una sonrisa. Así de sencillo.

Una vez satisfecho con las respuestas a todas sus preguntas, al alumno se le conducirá a una habitación privada parecida a la sala de conferencias de la consulta de un médico. Se sienta cómodamente en una silla enfrente del profesor. Es un lugar de calma tranquila, sin música ni ninguna parafernalia.

Después de que el profesor dé las «Gracias» a la tradición, él o ella le proporcionará un mantra. Su único propósito es el de servir de vehículo para trascender; dicho vehículo permite que la mente, ocupada y activa, se asiente en el nivel más profundo, la fuente del pensamiento.

Es importante que el mantra no se asocie con ningún significado. ¿Por qué? Porque, si significara algo, nos quedaríamos atrapados en el nivel mental superficial del «tengo que, tengo que, tengo que», tratando de estudiar diferentes líneas de significado. Entonces no nos calmaremos, no trascenderemos, no meditaremos. También es importante que se sepa que los efectos del mantra producen una influencia positiva. ¿Por qué? Porque cualquier sonido, positivo o negativo, tiene una poderosa influencia en el cerebro y el resto del sistema nervioso. Recordemos el sonido de arañar una pizarra con las uñas. Horroroso. Como profesor de MT, quiero estar seguro de que el mantra que está utilizando el alumno para meditar tendrá solo efectos positivos y beneficiosos para el cuerpo y la mente, tanto en el nivel superficial del pensamiento como también en los niveles más profundos y más poderosos de la mente. Los mantras tienen una eficacia probada a lo largo de miles de años, y los efectos se han documentado en centenares de estudios. Ambas cosas confirman que la MT es beneficiosa y segura. De hecho, no se ha publicado ningún estudio en revista científica alguna en el que se haya demostrado algún impacto negativo, solo positivo.

Las personas a las que enseño me han preguntado, lógicamente, cómo elijo el mantra. Comparo la elección a la de un médico especializado en cómo identificar el grupo sanguíneo de las personas, ya sea, por ejemplo, tipo A, B o 0. Con la MT, la elección del mantra se basa en tres cosas: (1) la información que el alumno proporciona en el impreso de la entrevista, (2) la reunión personal con el profesor de MT, y (3) la capacitación integral acreditada del profesor. Todo ello garantiza que al alumno se le dará el mantra más apropiado para él; y luego, muy importante, se le enseñará cómo utilizarlo correctamente.

Recibir el mantra únicamente es parte de la enseñanza, y solo se necesitan unos minutos. El resto de la clase del primer día y las de los tres siguientes se dedican a aprender a meditar: cómo utilizar el mantra correctamente, sin esfuerzo, concentración ni control. Algunas personas que oyen hablar de la MT de manera superficial piensan: «Tú dame el mantra, que ya averiguaré yo cómo se utiliza». Eso es no haber entendido la cuestión. El mantra no es como tomar una pastilla. El mantra por sí solo no hace nada. Podrías tener el mejor coche del mundo, pero si no sabes conducir, no irás a ninguna parte. Se necesitan ambas cosas: el coche y la formación para conducir.

Una idea muy equivocada respecto al mantra es que hay que repetirlo una y otra vez para ahuyentar los pensamientos. Eso no es meditación trascendental. Aquí el mantra sirve de vehículo para conducir a la mente al origen del pensamiento. Aprender cómo utilizar el mantra correctamente es una experiencia sencilla pero individual. Aprendemos cómo acceder a lo más profundo de nuestro ser. Un profesor trabaja con un alumno, y solo con uno, en la sesión inicial. Hay muchas dudas, muchas preguntas y respuestas, y entonces se «capta». Y se entenderá, aunque se piense que uno va a ser la única persona del mundo que no lo hará.

¿Qué se siente al meditar? Físicamente, es muy relajante. Mentalmente, es calmante y vivificante a la vez, además de profundamente satisfactorio. Muchas personas me cuentan que sienten que el tiempo pasa muy deprisa. El dicho «El tiempo vuela cuando te diviertes» es verdad. Normalmente, cuando preguntan cuánto tiempo han estado meditando, no dan crédito a la respuesta. «¡Me han parecido cinco minutos!», dicen todas.

Una pregunta frecuente es: ¿cómo me siento? La respuesta es: cómodamente. Como he dicho antes, no hay que sentarse ni colocar las manos de manera especial. ¿Necesitan estirar las piernas? ¿O cambiar de posición en mitad de la meditación? Háganlo. Tampoco se necesita un tipo particular de silla. En mi consultorio, los alumnos se sientan en sillas plegables, butacas o en un sofá. Utilicen una silla si quieren. Lo que se tenga disponible. Háganme caso: en un momento u otro, se descubrirán meditando en un taxi, un tren o un avión. Se puede. Yo hasta he meditado en el estadio de los Yankees. Se dio la asombrosa confluencia de dos amores: la meditación y el béisbol. El ruido no es obstáculo para trascender.

Aprenderán también sencillas prácticas que parecen obvias pero no lo son, como: «Para meditar, es mejor apagar el teléfono móvil» y «Es mejor no meditar justo después de tomar un expreso doble o comer un burrito». (Nota: tiene su lógica. La cafeína y la digestión de un burrito elevan el índice metabólico, y cuando meditamos, nuestro cuerpo quiere descansar. *Profundamente.* Yo he probado ambas cosas y la meditación no funcionó muy bien).

Esta sesión individual con el profesor tiene por objeto aclarar los aspectos pragmáticos para que el alumno se sienta totalmente cómodo con la práctica, y sacar el máximo partido de los veinte minutos de meditación. Al final, estará listo para aprender y experimentar más.

Momento de meditación
Llevar la mente a un *spa*

Donna Rockwell es una mujer renacentista: psicóloga clínica y profesora de mindfulness, *empezó su carrera como productora y reportera en el capitolio para la joven CNN. Recientemente ha empezado MT como complemento a sus veintiún años de perseverante dedicación a la práctica de* mindfulness. *Yo estaba interesado en lo que ella pensaba de ambas prácticas, y mantuvimos una conversación cuando llevaba ya unos meses inmersa en su nueva aventura.*

Cuando me inicié en el *mindfulness,* fui a ver a un profesor que estaba muy relacionado con la meditación Shambhala. Me dio unas instrucciones de meditación de consciencia plena, y tenía que sentarme con él durante cinco minutos. A los treinta segundos, pensé que me iba a estallar la cabeza. A fe mía que no podía hacerlo. Vi que mi personalidad no podía ser más tipo A, y me inquietó tanto mi falta de sosiego que decidí dedicarme completamente a la práctica de la meditación.

Para mí, el *mindfulness* ha sido un durísimo entrenamiento en cómo frenar la tendencia de la mente a deambular. Te das cuenta de esa tendencia a deambular y, con mucha suavidad, tratas de centrar la mente de nuevo. Existe esa idea de que la mente es un caballo salvaje que está corcoveando constantemente en un corral muy pequeño. El objetivo del *mindfulness* es hacer ese corral más grande y crear un pasto abierto en el que entrenar la mente a volver al momento presente. Después de veinte años practicando *mindfulness*, estoy mejor preparada para estar en el aquí y ahora gracias a las horas y horas y fines de semana y días que he pasado sentada en un lugar mirando a un punto en el suelo. Soy más capaz de activar la corteza prefrontal de mi cerebro y soy consciente de que se me está estimulando la amígdala.

Ahora que he añadido la MT a mi práctica habitual, es algo completamente diferente. El *mindfulness* me parece un «entrenamiento mental», mientras que la MT es más como llevar a la mente a un asombroso *spa*. Por primera vez fue como si el cerebro se me relajara en un agradable baño templado. El cerebro se me calma y vuelve a un estado de homeostasis. Y después de veinte minutos, reanudo mi vida con más paz y bienestar.

Creo que ambas prácticas se complementan de maravilla. De acuerdo, el *mindfulness* no son veinte minutos. Cuando vas a un retiro de *mindfulness*, te sientas durante cuarenta minutos, luego caminas durante diez, más o menos, te sientas durante otros cuarenta minutos, caminas durante diez, te sientas durante cuarenta minutos, te levantas otra vez, dándote cuenta de los pensamientos erráticos y regresando al momento presente. Como ya he dicho, se trata de un durísimo entrenamiento.

La MT dice: «Has trabajado mucho todos estos años para ser una persona más ilustrada. Ahora aquí tienes una práctica de meditación en que sencillamente puedes sentarte durante veinte minutos y sentirte fácilmente como nueva dejando que la mente se calme». Sí, piensas en el mantra, pero no tienes que agobiarte con ello. La mente va a donde quiere ir, hacia algo más satisfactorio. Luego, pasados los veinte minutos de tratamiento mental *spa* de la MT, vuelvo a mi vida cotidiana revitalizada y preparada para lo que venga.

DÍA DOS

Puntos para una práctica correcta

Este segundo día de aprendizaje, y las siguientes dos clases también, normalmente se desarrollan en pequeños grupos con otras personas que se iniciaron en la meditación el día anterior. Es el momento de comentar lo que han experimentado mientras meditaban por su cuenta, en casa o en el trabajo. También resulta muy útil para la propia práctica hablar con otras personas que están aprendiendo a meditar. Estas sesiones se mantienen en el centro de MT de su zona o, si están aprendiendo a meditar como parte de un programa de bienestar en su centro educativo o negocio, allí mismo.

Se trata de una oportunidad para que el profesor refresque la mecánica correcta de la práctica de la MT: cómo no concentrarse ni controlar la mente, algo que quizá han aprendido con otras técnicas. En esta clase también se pretende dar confianza al alumno. El proceso de la MT es tan natural, tan fácil, que a muchas personas casi les parece demasiado bueno para ser verdad. Incluso puede que surjan dudas. Una de las primeras cosas que dice la gente es: «¡Fenomenal! Es muy fácil. ¿Lo estaré haciendo bien?». Sí, lo están haciendo bien. Es así de fácil.

Les recuerdo a todos que cada meditación será diferente porque nuestro cuerpo es diferente cada vez que nos sentamos a meditar. Pero sabrán que están meditando correctamente en estos días iniciales si (1) es fácil hacerlo, (2) sienten una profunda relajación durante la práctica, y (3) tienen una sensación de bienestar después. Nada muy llamativo, pero su impacto acumulativo en su vida será importante.

Durante esta sesión, el profesor hablará de los matices más sutiles de la práctica. Se les animará a meditar dos veces al día. La primera meditación es por la mañana, antes del desayuno. Ello permite que las ondas cerebrales del sueño, más lentas, cambien de manera natural a las ondas cerebrales alfa-1, más rápidas, más despiertas, más coherentes, de la meditación profunda. La meditación matinal nos da más energía y resistencia para mantener el estrés a raya durante el día.

La segunda meditación es mejor hacerla por la tarde, antes de las siete si es posible. Liberamos al cuerpo de gran parte del estrés que acumulamos durante el día, para que podamos estar más presentes y disponibles para nuestro entorno familiar por la tarde. Además, dormiremos mejor por la noche y nos despertaremos sintiéndonos como nuevos por la mañana. Dicho esto, he de decir que no es buena idea meditar justo antes de irse a la cama. La MT produce un profundo estado de reposo, pero también es muy vigorizante. Así que es posible que no podamos dormir tras una meditación nocturna.

La gente me pregunta que cómo sabrá cuándo se han terminado los veinte minutos. Yo sonrío y digo: «¡Mire el reloj!». Esto no es hipnosis, y no estamos en ninguna «zona». Sencillamente estamos sosegándonos, física y mentalmente, al tiempo que continuamos bien despabilados por dentro. Muchas personas encuentran que a los pocos días de haber empezado a meditar, el reloj interno del cuerpo sabe exactamente cuándo han pasado veinte minutos, minuto más o menos. Pero sea como sea, por favor, no pongan un despertador. Puede ser increíblemente molesto. Además, tendrán que apagarlo.

La gente también pregunta: «¿Y si me quedo dormido?». Yo digo: «Bien, duerma». Si nos quedamos dormidos durante la meditación, es saludable, revitalizador. Solo serán uno o dos minutos. No se trata de una cabezada superficial, sino de un descanso profundo que ayuda al cuerpo a sanar y rejuvenecer.

Momento de meditación
Unos amigos míos

Conozco a muchos hombres y mujeres muy competitivos a quienes les encanta proclamar, con actitud casi desafiante: «Me encanta el estrés. No podría vivir sin él». Llevan tanto tiempo confiando en su «nervio» que creen que no podrían seguir haciendo su trabajo de manera eficiente sin él. Sí, puede que disfruten negociando un acuerdo que haga cantar victoria a su cliente, pero no les gustará tanto el dolor de cabeza que lo acompaña. Ni las horas perdidas de sueño porque no pueden desconectar por la noche. Ni la falta de espacio mental que tienen para dedicar a sus seres queridos.

Esos problemas —algunos, un simple fastidio; otros, señales de que algo, quizá grave, está desarrollándose—, con el tiempo, pueden influir notablemente en la salud y en el rendimiento. Meditar no significa que los retos y los obstáculos inesperados de la vida desaparezcan de repente. Sí significa, empero, que estará mejor equipado para afrontar esos retos con más energía, atención y resistencia. Puede atenuar los efectos del estrés y seguir teniendo las mismas victorias para sí mismo y sus clientes.

Consideremos el caso de mi amigo Rick Goings, que es el director de Tupperware Brands Corporation desde 1992. Veterano de guerra, fue contramaestre en la época de Vietnam y se mantiene increíblemente joven a sus setenta y pocos años. Rick es, para ser franco, la última persona a la que uno etiquetaría de pasivo. Y medita todos y cada uno de los días. «Siempre le digo a nuestra gente que puede decidirse cómo afrontar la vida —dijo—. Se puede ser un guerrero o una víctima, y, ¿sabes?, hay demasiadas personas que son víctimas. "Pobre de mí, pobre esto, pobre aquello"».

La meditación trascendental, me contó Rick, nos prepara para superar esos contratiempos. «La vida tiene momentos malos —dijo—. La palabra clave es "responsabilidad". No es una palabra complicada. Simplemente significa reconocer nuestra capacidad para responder a situaciones que escapan a nuestro control. ¿Sabías que todos los deportes tienen una postura de "preparados" para el juego? La MT me mantiene en una posición de preparado para la vida».

Otro de mis estudiantes es Bill Koenigsberg, fundador y director general de Horizon Media, la agencia privada de servicios de información más grande y de mayor crecimiento del mundo. La agencia, que él fundó en 1989, ha sido sistemáticamente reconocida como uno de los mejores lugares para trabajar en esa actividad, y Bill es la única persona que ha ganado el prestigioso premio Advertising Age Media Maven *dos veces*. Lleva haciendo tratos desde que tenía catorce años, cuando ya administraba canchas de tenis. (Ahí fue donde tuvo la idea de su primer trabajo publicitario, al dejar que un restaurante cercano se anunciara en el centro de tenis a cambio de almuerzos gratis). Es un tipo sensacional y generoso, y está sumamente atareado. Y era una de esas personas que creía que no tenía tiempo para meditar.

«Era un escéptico total —me contó—. ¿Veinte minutos, dos veces al día, siete días a la semana, cincuenta y dos semanas al año? ¿Podía yo hacer eso? ¿De dónde sacas el tiempo?».

Pero aceptó el reto, robando tiempo al sueño y levantándose veinticinco minutos antes de lo habitual. Tres años después decía: «Ahora es parte de mi rutina diaria. Puedo hacerlo en un coche, puedo hacerlo en un avión. Cierro la puerta de mi oficina durante veinte minutos y lo hago. Y si no lo hago, siento que me he perdido algo muy especial».

Ese es Bill como individuo, pero recuerda que en los negocios las relaciones lo son todo. Cuando empezó a meditar, la jefa de recursos humanos de Horizon le contó al director general el impacto que la MT estaba produciendo en él. Este recuerda que le dijo: «Estás mucho más calmado, más presente, tienes más paciencia, no saltas a la primera, y tu actitud parece mucho más mesurada y firme pero amable. El que hagas meditación es bueno para todos».

Fue un indicador de cambio, me reconoció. «Ni siquiera me veía a mí mismo como una persona demasiado agresiva, pero supongo que eso dice en pocas palabras el efecto que la MT tuvo en mí en un corto periodo de tiempo». Bill está tan impresionado por los resultados que él ha obtenido que se plantea ofrecérsela a sus empleados.

Para Marilyn Frobuccino, encontrar tiempo para meditar no es una opción, es una necesidad. Como jefa de cocina, ha dirigido varios restaurantes galardonados de Nueva York y fue chef en el Soho Grand Hotel y en JPMorgan Chase & Co., en Manhattan. Marilyn, que lleva dos años practicando MT, ahora trabaja de chef privado, un empleo increíblemente exigente y que requiere mucho tiempo. «Cuando eres chef privado, haces veintiuna comidas diferentes a la semana —explicaba—. Tienes que ser muy flexible y lidiar con los distintos horarios y las necesidades dietéticas de otras personas».

No solo es exigente, sino también estresante. «Siempre tuve un poco de ansiedad relacionada con el trabajo —explicó—. Además de crear menús y competir con otros chefs, todos los días tenía que demostrar mi valía como mujer en el sector. Ya fuera a un director general, a un nuevo representante de comidas y bebidas o al gerente de un restaurante, siempre había ese nivel de estrés, ansiedad y competitividad. Desde que medito, siento que puedo sobrellevarlo todo mejor. Tengo que hacerlo, porque sé que el estrés desencadena más estrés, y si no tengo una válvula de escape, simplemente se acumula».

Conozco las realidades de la vida laboral. Tenemos una agenda tan apretada que almorzamos en la mesa de trabajo o durante una reunión. Pero algunas de las personas más ocupadas que conozco se las arreglan para reservar veinte minutos por la mañana y veinte por la tarde. Puede que no siempre, claro, pero casi siempre. Para la meditación de la mañana, se levantan veinte minutos antes. Meditar rejuvenece más que dormir, así que no es tan difícil. (Además, como se duerme mejor, veinte minutos menos de sueño no es el fin del mundo). Para la de la tarde, sé de mucha gente que la programa como si fuera una cita fija en su agenda diaria, como lo haría para una reunión importante. Si la oficina o la casa no es el espacio ideal para la meditación, podemos escaparnos a un lugar público, como el banco de un parque o incluso una iglesia. Recuerden que no hay que estar en un espacio completamente silencioso para meditar. Puede hacerse casi en cualquier parte.

No solo son las exigencias del trabajo las que llevan a la gente a pensar que no será capaz de cumplir ese régimen de dos veces al día. Están las exigencias de la vida familiar también. Muchos padres de niños pequeños se preguntan si es realista sacar tiempo para meditar a diario. Díganles a las mamás y a los papás que «solo tenéis que levantaros veinte minutos antes», y ellos alzarán la vista al cielo y dirán que probablemente sus hijos harán lo mismo. Para algunos, las tardes pueden ser todo un reto porque a los padres se les ha educado para que aprovechen al máximo el tiempo que pasan con sus hijos. Comprendo profundamente las dificultades, pero la meditación es de vital importancia, y deberían hacer todo lo posible. Cuando los padres encuentran tiempo para meditar, están transmitiendo un mensaje a sus hijos de que unos minutos de descanso y rejuvenecimiento en mitad de un día ajetreado no es un capricho, sino un componente esencial de un estilo de vida saludable y productivo. Están haciendo de la meditación una prioridad vital, y sus hijos aprenderán esa lección para siempre.

Cada vez que oigo a un padre o a una madre decir «no tendré tiempo; mis hijos no me dejarán», pienso en Katherine, una madre soltera a la que conocí unos años atrás.

«Sé que puedo sacar mis veinte minutos de meditación por la mañana antes de que los niños se despierten —me dijo cuando empezaba—. Pero no puedo meditar en el trabajo, y el trayecto en autobús hasta mi casa es demasiado corto, así que mi mayor preocupación es qué haré por la tarde una vez que llegue a casa. ¿Cómo voy a ayudarlos con los deberes, preparar la comida, hablar de cómo les ha ido el día, estar presente y meditar? Hago varias tareas mientras me cepillo los dientes».

«Llámeme dentro de dos semanas», le sugerí.

Pasaron dos semanas y, por supuesto, Katherine estaba al teléfono.

«Estoy haciéndolo dos veces al día», dijo toda orgullosa.

«¿Qué ha pasado?».

Ella se rio. «Mis niños, eso es lo que ha pasado. Ahora cuando llego a casa y empiezo a hablarles bruscamente por los deberes o la cena, ellos dicen: Mamá, ¿has meditado? Porque saben que si me dan ese tiempo, recuperarán a su madre, no a la madre agobiada, sino a la mamá más paciente, presente y cariñosa».

Así es exactamente. Meditar no es narcisista, y, desde luego, no es solo «Deja a mamá en paz durante veinte minutos». Los niños recuperan a una madre que no carga con las frustraciones y la fatiga del día. Ganan a un mejor progenitor que no está presente de manera mecánica porque se trate de una casilla más en la lista de las responsabilidades. Y ven a alguien que es un modelo de cuidado personal y resiliencia.

Porque, en realidad, el mundo es como nos sintamos nosotros. Si nos sentimos estresados, inquietos, agotados, llenos de preocupaciones, todas nuestras relaciones en el trabajo y en casa se verán afectadas, lo que significa que serán más conflictivas y menos satisfactorias. Pero si somos fuertes y estamos conectados con nosotros mismos, y de manera natural tenemos mucho que ofrecer, no esperaremos que una pareja o un niño nos haga felices todo el tiempo. No volveremos a casa o iremos al trabajo con un chip en el hombro. No iniciaremos una negociación pensando con la amígdala y con ganas de pelea. Tomaremos las decisiones con un cerebro sano.

Maharishi lo explicó así:

Si el individuo ha desarrollado todo su potencial, disfrutará de las amistades, las relaciones y el matrimonio plenamente... Por lo tanto, la clave de las relaciones está en el cuidado de uno mismo. Meditamos, y entonces utilizamos cada vez más nuestra potencialidad con la práctica de la meditación, hasta que llega un momento en que estaremos utilizando todo nuestro potencial, y tendremos un corazón y una mente totalmente desarrollados. Y con una mente y un corazón completamente desarrollados, disfrutaremos de todas nuestras relaciones porque tendremos la capacidad de dar a los demás el máximo de nosotros mismos.

Momento de meditación
Tiempo con nuestro verdadero yo

Conocí al eminente Hugh Jackman y a su igualmente ex-traordinaria esposa, Deborra-Lee Furness, cuando ense-ñaba MT a su hijo, Oscar, que desde muy temprana edad había mostrado interés en la meditación. Yo empecé a llamarle Oscar Yogi porque es un prodigio de sabidu-ría. Cuando tenía doce años, él y yo teníamos largas con-versaciones sobre antropología, historia, religión, filoso-fía..., me costaba seguirle el ritmo.

Hugh había aprendido a meditar mientras estudiaba en la escuela de arte dramático en Australia, pero él y Deborra-Lee volvieron a aprender conmigo. «Soy de la opinión de que hay que estar siempre dispuestos a aprender algo —me dijo Hugh—. La MT me ha ayuda-do de verdad».

Soy una persona diligente y disciplinada. Muchas perso-nas se atascan en la idea de meditar dos veces al día. Yo no me quedé atascado en eso, pero un poco sí que pen-saba: «Esto es bueno para mí. Debería hacerlo. Tengo que meditar», que es exactamente de lo que intentas librarte en la meditación. De la idea del «tengo que». *«Tengo que* meditar. *Tengo que* despertarme para poder meditar». Cuando aprendí con Bob, todo eso desapareció. La idea de agobiarme con ello, estresarme si me quedaba dormido o si mi mente parecía un torbellino, todos esos juicios al respecto desaparecieron completamente.

En mi trabajo hay un nivel de estrés en el que es fácil caer. A menudo no sabes qué te deparará el mes siguiente o el año siguiente. Da igual el tiempo que lleves haciéndolo, cada nuevo papel o trabajo que haces, ya sea de presentador o de actor, de cine o teatro, siempre hay algún elemento que es arriesgado, que es aterrador, y que puede producir estrés. También es bueno porque, creativamente, resulta saludable enfrentarse a lo desconocido cuando pruebo algo que no había hecho antes. De alguna manera, saca cosas de ti que te sorprenden. Pero me resultaba difícil sobrellevar ese estrés. Lo interiorizaba. Mi mujer me decía, una vez que había terminado algo que me ponía nervioso: «Ah, qué bien. He recuperado a mi marido». No estaba del todo allí porque una parte de mi cerebro —una parte grande o una parte pequeña, dependiendo del trabajo— se concentraba en lo que iba a suceder. Para mí, la mejor forma de lidiar con eso ha sido la meditación.

Así que, por supuesto, medité antes de presentar los Oscar. Medito antes de salir al escenario. Medito por la mañana y al mediodía cuando estoy en un plató de rodaje. Es como un reinicio. No digo que ya no me asuste nunca o que no tenga estrés, pero me gusta la analogía de un vaso de agua. Cuando la viertes, está turbia. Cuando estás estresado, así es como tienes la mente: un poco turbia. Y después de meditar, todo eso se hunde en el fondo, y el agua está clara y la energía es mejor, y las decisiones que tomas son más auténticas. Creo que eres más económico con tu energía, con tu tiempo, en todos los sentidos. Eres más capaz de escuchar a los demás, y, siendo actor, eso es lo que tienes. Las únicas herramientas que de verdad tengo son: estar presente, estar despejado y escuchar.

Cuando medito, estoy uniéndome a mi verdadero yo, que es ese yo calmado, pacífico, dichoso, sin límites. Puedo servirme de él en cualquier situación. Cuando me bajo de un coche sobre una alfombra roja y hay tres mil personas aclamando, en mi fuero interno estoy conectando con el sosegado ser interior de todas ellas. No es que yo no me entusiasme o que no disfrute de la vida o que no enloquezca a veces. Me divierto, pero siempre me ronda un pensamiento que dice: «Esto es divertido, pero en realidad todo está en calma», y así es como me ha ayudado la meditación. Da igual en qué situación me encuentre. La gente dice: «Qué práctico eres». No, lo que ocurre es que la meditación me hace ver lo que es verdadero y real.

DÍA TRES

Éxito sin estrés

En este tercer día de aprendizaje hablo del impacto del estrés en la vida y del mecanismo de cómo la técnica de la MT ayuda a neutralizar su acumulación.

Créase o no, el estrés no siempre ha sido el enemigo. Después de lo que he dicho sobre los peligros del estrés, soy consciente de que esta afirmación podría parecer ridícula. Pero durante gran parte de los doscientos mil años de historia humana, el sistema de reacción de nuestro organismo ante situaciones de estrés fue una de las herramientas de supervivencia más importantes.

Retrocedamos a cuando nuestros ancestros eran cazadores, pasando un día normal en las sabanas de África. Estarían caminando y de repente se encontrarían cara a cara con un león. Sin pensarlo conscientemente, o se plantaban y echaban mano de las lanzas, o se daban la vuelta y corrían para salvar el pellejo.

Esa es la razón por la que aún tenemos lo que se llama respuesta de lucha o huida. Entonces, si veían un león u oían un rugido, esa información iba a la amígdala, el pequeño grupo de células nerviosas (neuronas) en forma de almendra que tenemos en el cerebro. La amígdala es la alarma de incendios que le dice al cuerpo que está siendo atacado. Cuando el ser humano tiene estrés, hay dos hormonas —los mensajeros químicos cortisol y epinefrina (sustancia conocida también como adrenalina)— que pasan a la sangre en un proceso rapidísimo.

Hoy en día, si estamos ya con un nivel alto de estrés y ansiedad, «el león de la sabana» puede ser un niño cogiendo un berrinche justo antes de tener que ir al colegio, un atasco de tráfico que nos impide llegar a una reunión de vital importancia, un examen decisivo de matemáticas a la mañana siguiente, o un padre anciano que padece de alzhéimer en estado avanzado. Cuando se tienen experiencias de este tipo, a menudo repetidas veces, podría resumirse como «estar muy estresado».

Es difícil saber qué nos hará explotar. Conozco a una mujer que es la solista principal de una de las compañías de ópera más conocidas del mundo. En una ocasión le comenté que actuar ante miles de personas en una gran sala de conciertos noche tras noche debía de ser de lo más estresante. Ella respondió: «Ah, eso es fácil. Es el trayecto en tren hasta la sala de conciertos lo que me agobia».

La vida está llena de exigencias, enfermedades y desafíos externos inevitables. La ciencia los llama estresores: estresores económicos, estresores familiares, estresores laborales, estresores sociales. Podemos intentar manejarlos o minimizarlos, pero la verdad es que siempre estarán ahí. Y en los tiempos que corren parece que tenemos poco o ningún control sobre la mayoría de ellos.

El verdadero problema está en cómo *reaccionamos* a esos estresores. Es lo que los científicos llaman nuestra respuesta al estrés. Si estamos descansados, pensando con claridad y rindiendo al máximo, somos capaces de hacer frente a esos estresores. Después, nos sentimos bien, llenos de energía, satisfechos, listos para el siguiente reto. Pero si no dormimos bien, no pensamos con especial claridad, y nos sentimos mal, nos entra el agobio. Nos *estresamos*.

Según los estudios científicos, el estrés nos afecta de al menos tres formas bien diferenciadas, con frecuencia debilitantes. En el nivel muscular o estructural, nos ponemos tensos. La tensión afecta a las personas de distintas maneras. Algunas desarrollan cefaleas tensionales y rigidez de cuello y hombros; o se les tensa la mandíbula, y aprietan los dientes por la noche; o se les hace un nudo en el estómago; o les duele la espalda; o se les estrechan los vasos sanguíneos, lo cual significa que les llega menos oxígeno al corazón o al cerebro, con lo que se incrementan las probabilidades de sufrir un derrame cerebral o un ataque al corazón. La lista sigue.

Segundo, en lo que respecta a las funciones cognitivas, una mala circulación sanguínea en el cerebro distorsiona su actividad eléctrica, dejando partes esenciales del mismo desconectadas. En particular, el estrés puede apagar la *corteza prefrontal,* la cual funciona como director ejecutivo del cerebro. La corteza prefrontal tiene el tamaño del puño de un adulto y está situada justo detrás de la frente. Recibe toda la información (motora, sensorial, etcétera) del mundo exterior transmitida desde otras áreas del cerebro y ayuda a decidir nuestros siguientes movimientos. La corteza prefrontal gobierna el funcionamiento ejecutivo: juicio, resolución de problemas, razonamiento ético y el sentido de nosotros mismos. (Nota al margen: la corteza prefrontal no está del todo integrada en el cerebro de un niño de doce años. De hecho, las conexiones entre la corteza prefrontal y el resto del cerebro no se completan hasta mediada o casi terminada la veintena, a menudo incluso en años posteriores. Esa es la razón por la que los adolescentes con frecuencia no consideran las consecuencias de conductas arriesgadas, ¡y quizá también la razón por la que en Estados Unidos no se puede alquilar un coche hasta que no se han cumplido los veintiséis!).

Con el director general desconectado, la amígdala toma el mando del cerebro. Eso es algo bueno si un león está a punto de atacarnos, porque la amígdala es el centro de emergencia, de lucha o huida, del cerebro. Pero no es buena cosa si la amígdala pierde los estribos mientras estamos en un atasco.

Si la corteza prefrontal es el director general calmado, racional, creativo y perspicaz, la amígdala es el hiperreactivo guardia de seguridad que cobra por horas y tiene ganas de pelea. Se encarga solo de las crisis, de un ataque inminente, de los asuntos más urgentes a la vista. Es un «sí» a las reacciones instantáneas; golpear y contragolpear. Es un «no» a la planificación a largo plazo, a ver el panorama completo y detenerse a reflexionar. La previsión y la compasión no figuran en la descripción del puesto de trabajo de la amígdala.

Con estrés crónico, actuamos de manera crónica desde ese centro del miedo. ¿Tomamos buenas decisiones cuando estamos estresados? ¿Mostramos buen criterio? ¿Resolvemos problemas? ¿Planificamos bien? Claro que no. Con una amígdala sobreexcitada reaccionamos de manera exagerada casi por cualquier cosa. No pensamos con claridad, nuestra memoria es menos fiable, enfermamos con más frecuencia y sencillamente no nos encontramos bien.

El tercer componente es que nuestra respuesta al estrés estimula las glándulas suprarrenales, ubicadas encima de cada riñón para que secreten mucho cortisol, popularmente conocida como la hormona del estrés. Eso genera más ansiedad, y entonces esas glándulas liberan más cortisol, lo cual nos altera aún más. El estrés ha convertido nuestros organismos en fábricas andantes de cortisol. El cortisol alto destruye músculos y huesos sanos; ralentiza la curación y la regeneración celular; acapara otras sustancias bioquímicas necesarias para la producción de otras hormonas vitales; perjudica la digestión, el metabolismo y la función mental; y debilita el sistema inmunitario. Afecta también a las funciones más básicas, como la memoria. De ahí que no recuerdes nombres de personas en una entrevista de trabajo. O de que compruebes la dirección postal para una cita tres veces. El cortisol también estimula el apetito, con el consiguiente aumento de peso. Finalmente, tiene un efecto adverso en el sueño. El cortisol suprime la producción de la melatonina, hormona esencial en el ciclo del sueño. Los trastornos del sueño pueden ser mortales.

El psicólogo organizativo Cary Cooper, una de las principales autoridades en el estrés en los lugares de trabajo, opinó en una entrevista que el estrés es la peste negra del siglo XXI. Para muchas personas, la medicina moderna no ofrece gran cosa para prevenir el estrés y apenas tiene nada para curarlo.

Norman Rosenthal es catedrático de psiquiatría clínica en la Facultad de Medicina de la Universidad de Georgetown, investigador médico y autor de los libros *Winter Blues: Everything You Need to Know to Beat Seasonal Affective Disorder* y *Super Mind: How to Boost Performance and Live a Richer and Happier Life Through Transcendental Meditation*. Investigador principal durante veinte años en el Instituto Nacional de Salud Mental, el doctor Rosenthal fue el primero en describir el trastorno afectivo estacional (SAD, por sus siglas en inglés) y en prescribir luminoterapia como tratamiento. El doctor Rosenthal lleva ocho años practicando MT, y en su consulta privada ve a personas de toda condición social que acuden a él con muchas inquietudes diferentes. Pero un tema que subyace a todas esas preocupaciones es el estrés, el impacto que este tiene en sus vidas y su lucha por encontrar formas más eficaces de lidiar con él.

«Cuando descubrí lo valiosa que la MT es para mí personalmente —explicó el doctor Rosenthal—, empecé a recomendársela a mis pacientes y clientes, muchos de los cuales ahora la practican regularmente. En casi cuarenta años ejerciendo de psiquiatra, la meditación trascendental sobresale como una de las técnicas más poderosas y eficaces que conozco para reducir el estrés».

Quiero hacer un inciso para tratar en detalle los avances en la investigación que documentan los profundos y extraordinarios beneficios que la MT supone para el estrés y la salud.

Es de dominio público que dos de las enfermedades que más muertes ocasionan en los países desarrollados son el ataque al corazón (infarto de miocardio) y el derrame cerebral, dos dolencias que con frecuencia son el resultado directo de las arterias dañadas a causa del estrés. Las arterias son las tuberías que llevan sangre oxigenada bombeada por el corazón a todos los tejidos de nuestro organismo. Cuando su revestimiento está dañado u obstruido —como ocurre en una enfermedad llamada aterosclerosis—, la sangre no puede circular en cantidades adecuadas. Y entonces hablamos de un ataque al corazón o de un derrame, que pueden provocar invalidez o acabar con la vida.

Además, cuando el estrés ocurre de manera continuada, los niveles de la presión arterial aumentan incluso en reposo. Y como con frecuencia no hay síntomas de alarma asociados con la tensión alta, a esta enfermedad se la ha llamado acertadamente «el asesino silencioso». En Estados Unidos, según los Centros para el Control y la Prevención de Enfermedades (CDC, por sus siglas en inglés), setenta y cinco millones de adultos padecen hipertensión. Eso es casi uno de cada tres estadounidenses. La enfermedad cardiovascular es la primera causa de muerte en Estados Unidos.[1]

Hay millones de vidas en juego. ¿Podría haber beneficios cardiovasculares potenciales en la MT? Uno de los primeros en atar cabos entre MT, presión arterial y enfermedad cardiovascular fue el doctor Robert Schneider, especialista clínico en hipertensión, miembro del American College of Cardiology y director del Institute of Natural Medicine and Prevention de la Maharishi University of Management, de Fairfield, en Iowa. Con veintiséis millones de dólares en becas de investigación de los Institutos Nacionales de la Salud (NIH) y otros lugares, el doctor Schneider y su equipo realizaron estudios controlados aleatorizados para investigar el efecto de la MT en contraste con la educación sanitaria. Los resultados fueron claros: la meditación trascendental reduce la presión arterial en tan solo tres meses.[2]

Otros investigadores pasaron a reproducir los hallazgos del doctor Schneider, lo que condujo a un impresio-

BOB ROTH | LA FUERZA DE LA QUIETUD

nante corpus de investigación. El doctor Jim Anderson y colegas de la Universidad de Kentucky analizaron los datos de más de cien estudios sobre presión arterial y MT en los que participaron cientos de personas. La presión arterial cambia en aquellos que están en los grupos de MT, con un descenso medio de cinco puntos en la presión arterial sistólica y de 2,8 en la presión arterial diastólica. La conclusión general fue que la presión arterial bajaba en todos los grupos que practicaban MT comparados con los grupos control que utilizaban la relajación, el manejo del estrés y la biorretroalimentación.[3]

Sin embargo, para el doctor Schneider y otros, había una cuestión pendiente: ¿Los beneficios a corto plazo en la presión arterial producirían también ganancias a largo plazo? Para dar con la respuesta, Schneider recibió una beca de investigación del Instituto Nacional de la Salud para analizar los registros de defunción de doscientos dos de los participantes en sus ensayos aleatorizados iniciales de MT y presión arterial, para ver si estaban sanos y aún con vida. En 2005 el equipo del doctor Schneider dio con una mina de oro, al encontrar una reducción del 23 por ciento en el índice de mortalidad entre aquellos que fueron asignados al grupo de MT diez años antes comparados con aquellos que solo habían recibido educación sanitaria. Además, había una reducción del 30 por ciento en el índice de mortalidad por causas cardiovasculares.[4]

El doctor Schneider recibió entonces financiación para la realización de un ensayo clínico que tenía como objeto comparar la MT con la educación sanitaria. Hay que tener en cuenta que estas personas estaban ya enfermas al comienzo del estudio y que estaban recibiendo tratamiento convencional, como medicación para la hipertensión y el colesterol alto, y recomendaciones sobre dieta y ejercicio. Ese patrón de tratamiento continuó durante el estudio. Cinco años después, al grupo que hacía MT le iba mucho mejor que al grupo de educación sanitaria. De hecho, el grupo de MT mostraba una reducción del 48 por ciento en el riesgo de mortalidad por infarto de miocardio y derrame cerebral, así como por *cualquier otra causa*.[5]

En 2013 la Asociación Estadounidense de Cardiología estudió las investigaciones sobre MT que se habían realizado en todos aquellos años y concluyó, en su revista *Hypertension*, que la MT es la única técnica de meditación que ha demostrado que reduce la presión arterial.[6]

Además de ayudar a la gente a vivir más, hay pruebas convincentes de que la MT puede ayudar a los jóvenes que están muy estresados a vivir mejor, reduciendo la presión arterial alta. Vernon A. Barnes, psicólogo de la Facultad de Medicina de Georgia, se propuso examinar el impacto de la MT sobre la reactividad cardiovascular y de la presión arterial (respuesta al estrés) en treinta y cinco voluntarios de entre quince y dieciocho años con prehipertensión. El doctor Barnes dividió a los sujetos en dos grupos: el grupo experimental practicó MT dos veces al día durante dos meses, mientras que el grupo control recibió semanalmente una hora de charlas sobre educación sanitaria durante el mismo periodo de tiempo.

Para hacer el estudio lo más fiel posible a la realidad, el doctor Barnes también monitorizó los cambios en la presión arterial, la frecuencia cardíaca y el gasto cardíaco en los adolescentes mientras se sometían a entrevistas sobre temas con carga emocional. También registró la misma reactividad cardiovascular de los adolescentes mientras «conducían» en un programa de conducción en realidad virtual con estresores incorporados. Tanto si los jóvenes estaban manejando temas peliagudos como sorteando obstáculos en la «carretera», las investigaciones del doctor Barnes revelaron que los que practicaron MT mantuvieron una presión arterial más baja que los miembros del grupo control. No solo eso, sino que las lecturas de presión arterial del grupo de MT siguieron más bajas durante periodos de descanso.[7]

Finalmente, dos estudios han evaluado si los meditadores de MT y los que no meditan responden de manera diferente al estrés, colocándoles dos electrodos en la piel para medir la respuesta galvánica de la piel (GSR, por sus siglas en inglés). Cuando estás nervioso, sudas más, lo que incrementa la corriente eléctrica transmitida entre los electrodos. Esto queda reflejado por una señal ascendente en un gráfico. A la inversa, cuando estás relajado, la corriente disminuye, traduciéndose en la correspondiente señal descendente. (La GSR es un componente fundamental de un test detector de mentiras, o polígrafo).

En uno de esos estudios de MT que evaluaban la respuesta galvánica de la piel, el psicólogo David Orme-Johnson expuso a catorce meditadores y dieciséis no meditadores a ruidos desagradablemente altos y comparó sus respuestas galvánicas. En todos los sujetos, la GSR mostró una señal ascendente, pero los meditadores mostraron un retorno más rápido a los niveles de referencia. Los no meditadores no solo volvieron a los niveles de referencia más despacio, sino que tuvieron también más «falsas alarmas»: más señales ascendentes aun cuando el irritante sonido ya no estaba presente. En el otro estudio, realizado por los investigadores Daniel Goleman y Gary Schwartz en la Universidad de Harvard, el estímulo estresante eran escenas de horribles heridas de vídeos sobre seguridad laboral, que tanto a meditadores como a no meditadores se les pidió que vieran. De nuevo, las GSR de los meditadores volvieron más deprisa a los niveles de referencia.

Finalmente, volviendo al acuciante problema de los niveles elevados de cortisol y la salud, en varios estudios se han encontrado niveles reducidos de cortisol en sangre tanto durante la MT como después. En un ensayo clínico, por ejemplo, personas que llevaban una media de tres a cinco años meditando mostraron una caída, significativa estadísticamente, del 30 por ciento en los niveles de cortisol circulante durante la meditación, en comparación con los controles. Quienes llevaban meditando tres o cuatro meses mostraban una tendencia en la misma dirección, aunque no alcanzó significación estadística. En otro estudio, los sujetos que llevaban practicando MT durante un periodo relativamente corto de cuatro meses tenían niveles más bajos de cortisol cuando *no* estaban meditando, tanto en momentos de reposo como cuando estaban sometidos a tensiones como aritmética mental o apretando en un dispositivo de agarre isométrico.

Según el doctor Norman Rosenthal: «La conclusión es que, se mida como se mida, la práctica de la MT tiene eficaces y continuos efectos beneficiosos en el tratamiento del estrés. Esos efectos son significativos no solo en el laboratorio, sino también en la vida real, y conducen a una considerable disminución en la incidencia de enfermedades graves y a una mayor longevidad».

Jerry Seinfeld me contó que él siente los efectos del profundo descanso tan intensamente que compara la MT con un cargador telefónico para la mente. «El cargador es difícil de superar como analogía, porque nunca deja de funcionar, a menos que a veces no lo tengas metido hasta el fondo en la toma de corriente, ya sabes —dijo—. Lo miras y dices: "¿Cómo es posible que no haya cargado?". Cuando ocurre esto, es porque está un poquito fuera de la toma de corriente, y entonces dices: "Ah, vaya, no lo metí del todo". Y siempre funciona».

Eso es lo maravilloso de la MT, continuó. «Nunca tienes que preguntártelo. Digamos que te espera un día importante, y la noche anterior te dices: "Tengo que dormirme pronto. No voy a perder el tiempo viendo telebasura. Quiero dormir en condiciones". Confías en que te vas a dormir y a despertarte como nuevo. Y esa es la gran diferencia entre el sueño y la MT: la MT nunca deja de funcionar a la perfección».

Estoy de acuerdo con Jerry, pero he de añadir que *a la perfección* es una expresión delicada. Cuando lleves tan solo unos días practicando MT, te darás cuenta de que cada meditación es diferente. No es riguroso como el golpe de tenis perfecto o el acorde perfecto tocado en un piano. La experiencia de trascendencia es fluida, y cada sesión está influenciada por las condiciones del cuerpo en el momento de la meditación. Me gusta decir que no hay una única experiencia perfecta de meditación, hay infinidad de experiencias perfectas. A la gente a veces le preocupa no haber tenido la «mejor» sesión de meditación. Cuando le preguntaba acerca de eso, Maharishi decía: «En un buceo de superficie también te mojas».

Momento de meditación
Mejores padres y mejores vecinos

G. Sequane Lawrence es presidente de Fathers, Families y Healthy Communities (FFHC) en Chicago. Su misión es mejorar las posibilidades de los niños de padres afroamericanos que no tienen la custodia de sus hijos. Para ello, proporciona a esos padres las herramientas necesarias para curar relaciones rotas y vivir unas vidas más saludables. Él aprendió a meditar a través de la Fundación David Lynch, y ahora está trabajando para hacer de la MT un pilar en la prestación de servicios de la FFHC.

Trabajo con hombres jóvenes que viven en algunas comunidades realmente pobres. No quiero generalizar, pero algunos han experimentado verdaderos traumas. En las comunidades en las que operamos, puede haber hasta un 50 por ciento de hombres jóvenes con antecedentes penales. Esto es un auténtico problema, y es una consecuencia de la guerra contra las drogas, los encarcelamientos masivos, el racismo, y todas esas cosas contra las que lucho. Muchos de ellos son menores que fueron encarcelados con adultos. Son tipos que quieren ser mejores padres, pero uno de las obstáculos es el modelo social de que para ser un «un hombre de verdad» tienes que ser el sostén económico de la familia, y si no lo haces, tu masculinidad y tu hombría quedan en entredicho. Esto causa toda clase de problemas psicológicos y emocionales. Yo les digo a estos jóvenes que puede que no tengan dinero en este momento, pero que se puede ser un hombre por las cosas que aprenden y luego comunican a sus hijos. Noto que transmiten una sensación de calma y madurez emocional a sus hijos como resultado de la práctica de la MT. Les digo que es una forma de reafirmarse como el hombre de la familia, y de aportar valor real y ser útil. La MT ayuda también a acabar con el rencor que a menudo hay entre esos hombres jóvenes y las madres de sus hijos. Se convierten en mejores padres y mejores vecinos.

Mi meta es hacer que la MT sea una parte fundamental de nuestra plataforma de bienestar de la misma manera que lo son la alimentación, el ejercicio y la educación. También me gustaría que la MT se imparta en todas las escuelas del distrito, así como en los programas de actividades extraescolares, centros cívicos e iglesias. Creo que Chicago está preparada para ello. Puede que a algunas personas les parezca extraño, pero también ocurrió con el *jogging* y la comida orgánica. Y ahora son modas.

Mi mujer, Theresa, dice que se da cuenta de cuando medito sistemáticamente. A ella le gusta ese hombre. Llevamos treinta y seis años casados, así que se trata de una persona que sabe.

DÍA CUATRO

Los beneficios aumentan

Este es el punto clave que quiero aclarar en el cuarto día: no meditamos por meditar. No se trata de una evasión. Meditamos por nuestro bien. Por muy relajante y rejuvenecedora, por enriquecedora y expansiva que sea la experiencia, siempre hago hincapié en que lo que de verdad importa es cómo nos sintamos después. Durante la clase final de los primeros cuatro días, analizamos los efectos acumulativos que siguen a la práctica de la meditación por la mañana y por la tarde. Y si bien es verdad que no podemos predecir cómo será una sesión meditativa en concreto porque nuestro cuerpo es distinto cada vez que meditamos (por ejemplo, ¿hemos dormido bien la noche anterior?, ¿hemos tomado una comida copiosa justo antes de meditar?, ¿nos hemos pasado una noche entera estudiando para un examen?), también lo es que tenemos todo el derecho a dar por sentado que si meditamos regularmente a lo largo del tiempo, habrá auténticas y ostensibles mejoras en nuestra vida.

¿Cuánto tardan en mostrarse dichas mejoras?

Difiere de una persona a otra. He enseñado a veteranos de guerra con estrés postraumático que durante meses no habían dormido más de una o dos horas al día debido a terribles pesadillas y sudores, pero que tras uno o dos días de meditación se iban a casa y dormían toda la noche de un tirón. Al cabo de unas semanas contaban que dormir durante toda la noche se había convertido en algo normal. Mis propias experiencias cuando aprendí a meditar fueron mucho menos dramáticas. Me refiero a que yo era un chaval estresado por los estudios, no un veterano de guerra traumatizado. Pero a las pocas semanas tenía la mente mucho más clara, una memoria más ágil (una gran ayuda para estudiar) y dormía mucho mejor por la noche. Y mis experiencias son cada vez más profundas, y los beneficios no han dejado de crecer enormemente a lo largo de los casi cincuenta años que llevo meditando.

Los estudios que investigan los efectos de la MT en el funcionamiento cognitivo, la enfermedad coronaria o la depresión, normalmente duran un mínimo de ocho a doce semanas. Por ejemplo, los investigadores quieren ver si una bajada significativa en la tensión alta o un mejor estado de ánimo después de una semana de meditación no es una coincidencia de ese día en concreto, sino que se trata de una tendencia sostenida en el tiempo. Siempre sugiero a mis estudiantes que se decidan a meditar durante dos o tres meses, como se recomienda, antes de evaluar si resulta beneficioso. Pero hay que conceder ese tiempo.

Para explicar los efectos acumulativos de meditar dos veces al día, Maharishi utilizaba la analogía de cómo, en siglos pasados, la gente teñía una tela blanca de amarillo. Primero se mete la tela en una cuba de brillante tinte amarillo durante unos minutos. Una vez que el color se ha absorbido completamente, se extiende la tela al sol durante muchas horas para que se seque. Pero durante el proceso gran parte del brillante color amarillo se apaga de manera natural. No obstante, un toque del brillante amarillo permanece sin desteñir. La tela vuelve a meterse en el tinte amarillo durante unos minutos y luego se deja secar al sol durante varias horas. Y ahora el color se agarra un poco más a la tela. Esta operación se repite una y otra vez, todos los días, hasta que llega un momento en que la tela secada al sol es del mismo color que el tinte de la cuba.

La analogía con el impacto de la meditación en la mente es sencilla. Acomódense en el territorio de la calma unos minutos durante la meditación de la mañana y luego zambúllanse en actividades dinámicas. Lleven a los niños al colegio, vayan a trabajar, estudien para un examen..., lo que hagan habitualmente. En esos primeros días, puede que noten que la ecuanimidad y la claridad de pensamiento que sienten inmediatamente después de la meditación dura una hora y luego se disipa. Ahora háganlo dos veces al día durante una o dos semanas —unos minutos de meditación seguidos de muchas horas de vida cotidiana— y comprueben cómo aumenta la calma interior y empieza a extenderse más y más a lo largo del día. Luego contemplen cómo sucede eso a medida que las semanas se convierten en meses y años de meditación habitual dos veces al día.

Quiero insistir en que la MT no es como la medicación para la tensión arterial, que baja los niveles en cuanto tomas una pastilla y luego vuelven a subir hasta que tomas otra pastilla. Evidentemente la medicación es eficaz, y muy necesaria, para las personas con hipertensión, pero no trata el problema subyacente de cómo nuestro organismo reacciona ante el estrés. Encubre o simplemente controla el problema. En cambio, los estudios muestran que los beneficios de la MT son acumulativos. No solo les bajará la tensión arterial alta, sino que a eso seguirán muchos otros efectos buenos y saludables. Con el tiempo serán más resilientes, más eficientes y se sentirán más sanos. No se trata de pensar positivamente; no es demasiado bueno para ser verdad. Sencillamente es lo que sucede cuando no nos agarrotan grandes nudos de estrés.

Ray Dalio es el fundador, codirector de inversiones y copresidente de Bridgewater Associates, líder mundial en gestión de cartera institucional y el fondo de cobertura más grande del mundo. Según la revista *Fortune*, Bridgewater es la quinta empresa privada más importante de Estados Unidos. Ray es también autor del *best-seller Principles: Life and Work*.

Ray lleva practicando meditación trascendental casi cincuenta años y dice de ella que es «la razón más importante de todos los éxitos que he tenido en la vida, porque me ha dado ecuanimidad y creatividad».

Ray es sexagenario, pero todavía tiene la misma energía que cuando era niño y crecía en Queens, Nueva York, con un padre músico de jazz y una madre ama de casa. «La meditación lleva a la apertura mental y la creatividad —dijo—. La meditación es el proceso de abrirse. Es como tomar una ducha caliente pero mejor; aunque no estés pensando en nada en particular, puede surgir una gran idea, y la coges».

«No atenúa los sentimientos. Los sentimientos son los mismos, pero puedes retroceder y decir: "No voy a dejarme controlar por ese sentimiento". Y creo que ayuda a ver las cosas con más distancia», dijo.

Reflexioné sobre el significado práctico en la vida cotidiana de las palabras de Ray acerca de no dejarse controlar por los sentimientos unas semanas después cuando enseñaba a meditar a un amigo escritor que tiene dos hijos, de dos y cinco años. Tuvo su primera sesión de meditación conmigo un domingo por la mañana en mi oficina de Midtown Manhattan. Esa noche, a la hora del baño, le costó convencer a su hijo mayor de que se metiera en la bañera. Pero él guardó la calma, y el niño se quedó sin la reacción esperada de su padre. «Me sentía muy presente —dijo—, y entonces mi hijo me echó un cubo de agua encima».

Eso normalmente habría sido suficiente, reconoció, para sacarle de sus casillas. «Pero aquel fue un momento decisivo, en que, completamente empapado, vi las opciones que tenía. Podía perder los estribos, gritarle y hacerle llorar, de manera que no oyera nada de lo que decía, o podía aceptar lo absurdo de la situación y mantenerme firme respecto a las normas. ¿Cuántas veces había perdido la oportunidad de ayudarle a aprender porque yo reaccionaba por pura frustración?».

Así es como se activa la corteza prefrontal del cerebro con la meditación diaria. Proporciona una perspectiva más amplia y nos da una pausa, un momento entre ese imperioso sentimiento de irritación y el hecho de emprenderla a gritos, puede que irracional y lamentablemente. En el mundo moderno, muchas personas son como un coche con el motor sin puesta a punto; el ralentí está muy alto, y el coche quema demasiada gasolina. En esta analogía, la MT pone a punto el sistema nervioso, volviendo a poner más bajo el ralentí, con unas revoluciones por minuto más equilibradas y más energía para quemar.

El doctor Fred Travis, director del Center for Brain, Consciousness, and Cognition de la Maharishi University of Management, es uno de los más destacados investigadores científicos sobre meditación y cerebro del mundo. Antes incluso de convertirse en neurocientífico, el doctor Travis hizo la tesina en la Universidad Cornell sobre los efectos de la meditación trascendental en la creatividad. Reunió a un grupo apareado de estudiantes de la Universidad Cornell, de los que unos estaban aprendiendo MT y otros no.

«Corregía y calificaba todos los test de creatividad, sin saber quiénes eran los meditadores y quiénes no —me contó—. Veía enormes cambios en algunos estudiantes y me preguntaba: "¿Serán estos los que meditan? Verdaderamente ven las cosas de manera diferente y son más creativos en sus respuestas". Y cuando se desveló el código, resultó que, en efecto, pertenecían al grupo de MT».

Más adelante, el doctor Travis se propuso estudiar cómo la MT podía optimizar el rendimiento y el desarrollo de las propias capacidades. Utilizó un índice compuesto desarrollado por él llamado escala de integración cerebral (BIS, por sus siglas en inglés). El BIS es una combinación de tres mediciones derivadas de electroencefalogramas registradas durante la realización de tareas desafiantes: coherencia de la banda ancha frontal, toma de decisiones y velocidad de procesamiento cerebral. Cuando él midió las ondas cerebrales de treinta y ocho estudiantes universitarios, el doctor Travis vio que las puntaciones del BIS aumentaron durante los tres meses de práctica de MT.[8]

El doctor Travis planteó la hipótesis de que los deportistas de élite y altos ejecutivos de empresas tendrían una coherencia cerebral similar en las distintas partes del cerebro que se conectan para trabajar juntas. Analizó los patrones de ondas cerebrales de treinta y tres deportistas de talla mundial comparándolas con los patrones de treinta y tres deportistas de nivel medio (todos equiparados por edad y género). Midió la respuesta galvánica de la piel, y también les entregó pruebas escritas para medir el desarrollo de las propias capacidades, el desarrollo moral y la frecuencia de experiencias cumbres —o sensación de estar en la zona— durante el rendimiento óptimo. Como era de esperar, encontró que un crecimiento psicofisiológico más alto —una mayor sensación de bienestar durante la acción— subyace a un rendimiento mayor.[9] Comparó también las ondas cerebrales de veinte altos directivos, agrupados por edad, género, educación y tipo de organización. Los altos directivos se caracterizaban por una puntación más alta en la escala de integración cerebral, por mayores niveles de razonamiento moral y por unas experiencias cumbres con rendimiento óptimo más frecuentes.[10]

Las pruebas son claras: cuando las diferentes áreas del cerebro están conectadas y funcionando con coherencia, se es más productivo.

Pero la corteza prefrontal es tan fuerte como lo sean los circuitos cerebrales. El cerebro es un órgano vivo que se adapta a cada una de nuestras experiencias. Las teorías antiguas decían que el cerebro crecía hasta el final de la adolescencia y que después permanecía estático —«tal cual»— durante el resto de la vida. Ahora sabemos que el cerebro tiene neuroplasticidad —el fortalecimiento y debilitamiento continuos de los circuitos cerebrales a lo largo de la vida—. Cada experiencia crea actividad eléctrica que viaja por los circuitos cerebrales. Los traumas y el estrés generan circuitos disfuncionales, mientras que las experiencias positivas producen circuitos funcionales. Con cada nueva experiencia positiva, cambiamos las conexiones cerebrales de maneras que nos permitirán ser mejores en lo que hacemos la próxima vez.

Los estudios muestran que la experiencia de calma interior con el tiempo es positiva y saludable, y reestructura y fortalece las conexiones cerebrales.

¿Qué sucede exactamente en el cerebro cuando meditamos? Como he apuntado antes, los investigadores pueden identificar sus efectos haciendo al practicante de MT un electroencefalograma (EEG), el cual mide la actividad eléctrica del cerebro. Cuando se realiza un EEG a alguien que practica MT, se ve un incremento en las ondas cerebrales alfa-1 en la corteza prefrontal, y estas ondas se extienden después por todo el cerebro. Las ondas alfa-1 son el puente entre el pensamiento consciente y la mente subconsciente. Otra característica única es que estas ondas cerebrales alfa-1 son coherentes: esto es, la frecuencia de las ondas cerebrales de un punto del cerebro son similares a las de otro punto. Esta coherencia se encuentra entre la corteza prefrontal y la parte posterior del cerebro, y entre los hemisferios izquierdo y derecho del cerebro. La coherencia de las ondas alfa-1 en el EEG significa que las diferentes partes del cerebro están trabajando juntas en plena comunicación. Lo importante aquí es que esa coherencia se extiende mucho más allá de los veinte minutos de meditación y mejora la función cerebral mientras estamos centrados en nuestro trabajo durante las horas posteriores a la meditación. (Según una revisión de los efectos de diferentes métodos, entre ellos la meditación abierta y la meditación focalizada, más de una docena de estudios mostraron que la MT es la única técnica de meditación que incrementa la coherencia de las ondas alfa-1 en el EEG).[11]

Estos circuitos coherentes se fortalecen a medida que se sigue meditando a lo largo de días, semanas y meses, permitiendo al cerebro trabajar con más eficiencia y eficacia. La MT hace esto del mismo modo que las conexiones neurales formadas durante cualquier experiencia repetida, como la instrucción musical —por ejemplo, aprender a tocar la guitarra—, preparan también al cerebro para otros aspectos de la comunicación humana, como la música, el lenguaje y la memoria. Pero durante la MT, esas conexiones son únicas y tienen un mayor impacto holístico en el funcionamiento del cerebro comparado con cuando aprendemos a tocar un instrumento o escuchamos música.

Por consiguiente, con la meditación continuada, tomaremos cada vez mejores decisiones con mejor criterio y mejor planificación. Seremos más nosotros mismos. Claro que esto no tiene nada de magia. Es como funciona el cerebro cuando todas las áreas del mismo están conectadas, integradas y sanas. El doctor Travis compara los beneficios de la MT con una orquesta cuyos miembros finalmente tocan juntos en un concierto. Y este es un proceso en desarrollo que empieza desde la primera meditación y continúa a lo largo de la vida.

David Lynch es un buen amigo mío, un brillante cineasta (*El hombre elefante*, *Blue Velvet*, *Mulholland Drive*, *Inland Empire*, y muchas otras), y el escritor y director de la icónica serie televisiva *Twin Peaks*. Es también el fundador de la organización sin ánimo de lucro homónima, Fundación David Lynch, que ha acercado la MT a más de quinientos mil colegiales de barrios céntricos pobres. David medita desde 1973, y no se ha saltado ni una sola meditación en todo ese tiempo. Para él, los efectos de la meditación son como «expandir el receptáculo» de su mente. «El conducto para ese flujo de ideas es más abierto —me decía—, y puedes empezar a desear ideas, y estas sencillamente parece que afluyen».

Mientras meditamos, somos capaces de acceder a niveles más profundos de pensamiento, hasta el nivel de la intuición. «Es lo que todo artista busca —me explicó David—, conseguir lo que sentimos adecuado para nosotros. Yo digo que la intuición es nuestra herramienta número uno. La intuición es emoción e inteligencia nadando juntas. Es algo que aumenta cuanto más trasciendes».

Y la meditación sistemática nos permite recurrir a nuestras fuentes creativas de forma regular.

Sin embargo, al principio, David no estaba muy seguro. «Oyes hablar de la meditación y piensas que vas a estar calmado, superaburrido, y que vas a perder agudeza —decía—. Tenía ese temor. Pensaba que quizá la meditación nos haría a todos iguales, y entonces tocarían una campana y todos desfilaríamos hacia algún sitio. Me preocupaban esas cosas».

En cambio, David se encontró con que la MT le proporcionaba algo más que agudeza para hacer su trabajo y le liberó de lo que él llama «el sofocante disfraz elástico de payaso de la negatividad». En su opinión, la ira —la verdadera, egoísta y amarga ira— no es más que control mental. «Esa ira te controla —explicaba—. No sirve para nada. Si estás muy enfadado, eso lo único que hace es ocuparte la mente, y no deja sitio para que afluyan las ideas».

En resumen: el estrés crónico y la fatiga pueden hacer que las personas se parezcan y actúen de forma similar, y eso significa que son agresivas, infelices, irritables y enfermas. Por otro lado, la meditación ayuda a la gente a realizar su propio potencial sin que esté limitado o tapado por el estrés o la fatiga. Y eso significa ser más creativo, más productivo, estar más realizado.

Yo lo comparo con un huerto. Si tienes diez tipos diferentes de frutales, y hace mucho tiempo que no los riegas, verás un panorama de ramas, palos y vástagos marrones, pelados y quebradizos. Pero si riegas y nutres los árboles y sus raíces, verás un rico paisaje de diferencias. El manzano, el naranjo y el cerezo estarán sanos, robustos, y se distinguirán claramente, produciendo cada uno flores fragantes y dulces frutos diferentes. La MT es como regar las raíces de nuestra vida; nos permite nutrir simultáneamente todas las diferentes partes de nuestra vida y ser más de quienes somos de manera natural.

A medida que este crecimiento continúa a lo largo del tiempo, desarrollamos las facultades mentales aumentadas que Maharishi y los textos antiguos de meditación denominan la «consciencia cósmica», y que el doctor Norman Rosenthal llama la «supermente» en un libro suyo (y *best-seller*) que lleva ese título. Como dice el doctor Rosenthal: «La supermente es un estado mental que consiste en el desarrollo de estados expandidos de consciencia que ocurren conjuntamente con un menor estrés, una mejor salud física y la emergencia de cualidades personales positivas».

El doctor Rosenthal pone de relieve que cuando llevas tiempo meditando, no solo estás más relajado y te vuelves más despierto, sino que además ganas algo que escasea en los tiempos que corren: y es que verdaderamente te sientes más *feliz*. Él encuestó a más de seiscientos practicantes de MT, de los que una gran mayoría afirmó que, desde que habían empezado a meditar, «se sentían como si se hubieran vuelto más conscientes, se recuperaran más deprisa de sucesos desagradables, estuvieran más plenamente presentes y comprometidos, y fueran en general más felices —me contó el doctor Rosenthal—. También dijeron que se sentían más en la zona, la cual se asociaba con una mayor facilidad para hacer las cosas y con una creatividad y una productividad mejoradas. Como era de esperar, esos rasgos se asociaban con un rendimiento mejorado en el trabajo».

Los que respondieron al cuestionario del doctor Rosenthal afirmaron también sentirse «más afortunados», como si recibieran más apoyo de su entorno. Hacían elecciones más saludables, otras personas percibían sus cambios positivos, y en general sus relaciones mejoraban.

Los datos mostraban también que los cambios favorables que empezaron después de aprender a meditar se correlacionaban significativamente con cuánto tiempo y con qué regularidad llevaban meditando.

Encontrar tiempo para meditar era la preocupación más importante de Scott Miller cuando entró en mi despacho de Midtown Manhattan hace poco más de cuatro años. Llevaba mucho tiempo pensando en aprender a meditar, pero el mayor reto había sido hacer un hueco en su agenda para las clases. Es cierto, estaba muy ocupado. Scott dirige G100 Network, una organización, a la que solo se puede pertenecer por invitación, que reúne a altos ejecutivos, actuales y en alza, de todo el mundo para compartir ideas sobre liderazgo y estrategia.

Scott, que fue el primer ejecutivo de Hyatt Hotels Corporation y de United Infrastructure Company, ha formado y asesorado a centenares de altos ejecutivos y miles de altos ejecutivos potenciales a través de G100. Me contó que había aprendido que todo el mundo es un líder de una forma u otra. Pero las exigencias que tiene cualquier líder —ya sea el presidente de una corporación, un profesor, un padre o un estudiante— rebasan las horas disponibles que tiene el día. Así que tener la lucidez y la oportunidad para priorizar es cada vez más esencial.

Gran parte del trabajo de Scott en la actualidad es dotar a esos líderes con herramientas para ayudarlos a manejar no solo su vida profesional, sino también su vida personal. Necesitamos que nos enseñen a conseguir el equilibrio. Cuando aprendió MT, supo que la técnica sería una herramienta importante de ese arsenal.

Las personas triunfadoras, dijo, quieren de la vida algo más que alcanzar cotas altas en sus carreras. Quieren estar presentes y disponibles para sus seres queridos, y satisfechos fuera del trabajo. Insta a sus clientes a meditar porque sabe que les hará rendir mejor en lo que sea que les importe. Si su centro de interés son los negocios, harán progresos ahí. Si se trata de ser unos padres más activos, harán grandes avances en eso. Y le parece que al reunirse con esos líderes cuando llevan tan solo unas semanas practicando, la diferencia es notable. «Todos ellos son más resilientes —me contó Scott—. Saben hacer frente a las tensiones en el trabajo y en casa mucho mejor».

Una última observación para aquellos a quienes preocupa no ser capaces de meditar dos veces al día todos los días. La vida se interpone, y, siendo realistas, es probable que se salten alguna sesión. Pero, por su bien, procuren que sea la excepción, no la regla. Hagan de la meditación una prioridad. Por supuesto, creo que deberían intentar hacerlo dos veces al día, porque así es como obtendrán el máximo beneficio.

Repasemos los pasos de la instrucción:

Día uno. Aprendan a meditar con un profesor de MT cualificado, solo el profesor y el alumno (noventa minutos).

Día dos. Establezcan la correcta práctica de la técnica de la MT de manera que cuando mediten resulte sencillo, natural y sin esfuerzo, sin concentración ni control de la mente. Esta es una clase con las personas que aprendieron a meditar de manera personalizada el día anterior (noventa minutos).

Día tres. Comprendan la mecánica de cómo el excepcional estado de atención reposada adquirido durante la práctica de la MT permite que el cuerpo disuelva el estrés más arraigado. Esta es una clase con las mismas personas del día anterior (noventa minutos).

Día cuatro. Imaginen las posibilidades de cómo los beneficios de la práctica regular de la MT para la mente y el cuerpo se acumulan con el tiempo. Esta clase es con las mismas personas de los dos días anteriores (noventa minutos).

Después de aprender. Una vez que han completado los cuatro días de instrucción, tienen la opción de programar cursos periódicos de «actualización» con su profesor de MT (o con cualquier profesor de MT del mundo) de por vida. Estas sesiones normalmente duran unos treinta minutos y son una forma sencilla y valiosa de asegurarnos que estás meditando correctamente y obteniendo el máximo beneficio.

Y una nota final. La vida es lo que sucede. Habrá momentos en la vida en que, para superar algunos acontecimientos, necesiten un poco de ayuda. Somos profesores de MT, aquí nos tienen. Y aunque estén en una buena racha prolongada, es agradable tener una sesión de control para refrescar la técnica, para asegurarse de que van por el buen camino. Hace poco medité con alguien a quien enseñé... ¡en 1972!

Le iba bien. Solo quería saludar.

Momento de meditación
De pandillera a una universidad privada

Cuando María entró en la New Village Girls Academy de Los Ángeles, tenía escasos créditos académicos y se consideraba que contaba con pocas probabilidades de éxito en la vida. Pero aprendió a meditar a través de un programa de la Fundación David Lynch que ofrecía MT a los docentes y las estudiantes en esa escuela femenina de educación secundaria. De manera bastante espectacular, la vida de María dio un giro. Enseguida, dijo, fue capaz de concentrarse mejor, retener más información, y alejarse de las drogas, las pandillas y otras malas influencias. Empezó a asistir a clases de iniciación universitaria en el penúltimo año de instituto, junto con las asignaturas del curso de secundaria. A mitad del último año de instituto, la joven estaba lista para graduarse con una nota media final de 3,7 sobre 4. María fue admitida en una universidad privada con la mejor de las becas.

La historia de María es tan fascinante que recientemente le pidieron que ofreciera su testimonio en la Oficina de la Alcaldía de la ciudad de Los Ángeles para la Reducción de Pandillas y el Desarrollo de la Juventud sobre el papel que la MT había desempeñado en la superación de los traumas que había sufrido en la vida. Esto es lo que dijo:

Crecí en un barrio que era conocido por la violencia pandillera. Yo estaba influenciada por lo que creía que era guay y empecé a pelearme, a beber, a tomar metanfetaminas y a ir con una pandilla. Tenía trece años cuando me recluyeron por primera vez en un centro de detención juvenil. Dos años después me encarcelaron otra vez, y luego otra vez. Siempre salía, regresaba a casa y volvía a tomar las mismas malas decisiones.

Pero la cuarta vez que volví a casa, después de haber estado encerrada seis meses, tomé la decisión de cambiar. Me matriculé en la New Village Girls Academy. La directora y los profesores querían saber sobre mí, sobre mi pasado y mi trayectoria. Probablemente fue la primera vez que alguien se preocupó por mí.

Fue también en New Village donde aprendí meditación trascendental. Mirando hacia atrás, veo cómo me cambió la vida y lo esencial que ha sido en mi recuperación. Soy capaz de tomarme quince minutos para centrarme en mí misma y no preocuparme de los problemas de casa, los deberes que tengo que entregar dentro de dos días, o de que al día siguiente tengo que ver a mi agente de libertad condicional. Esos quince minutos hacen que el resto del día sea mucho mejor. Me siento más tranquila y menos preocupada. Me concentro mejor. Soy más feliz. La vida no ha sido precisamente fácil para mí. Todavía hay problemas. Los estresores siguen ahí. Pero ahora tengo una técnica que me ayuda a volver a centrarme y a no perder de vista los grandes cambios que quiero hacer en mí misma y en mi mundo.

PILAR TRES

El cambio empieza en el interior

¿Qué espera conseguir aprendiendo a meditar?

A menudo hago esa pregunta antes de dar la charla introductoria sobre la técnica.

Oigo respuestas como:

«Me encanta mi trabajo, pero es muy estresante, y no quiero quemarme».

«Como demasiado, probablemente por el estrés, y no puedo frenarme».

«Me he convertido en una persona angustiada, temerosa, y no me reconozco ni me gusto».

«Me gustaría relacionarme mejor con la gente».

«Me va bien y no me quejo de nada, pero me interesa aprender más, madurar más, ver qué otras cosas ofrece la vida».

Quizá alguna de estas respuestas encuentre ecos en el lector.

Recuerdo cuando me reuní con Ellen DeGeneres en el salón de su casa de Los Ángeles. Había ido a enseñarle MT, y le hice la misma pregunta: «¿Qué esperas conseguir aprendiendo a meditar? ¿Por qué ahora?».

«Bob —dijo ella, e hizo una pausa para pensar—, quiero mantener una conexión permanente con la inteligencia que gobierna el universo...».

«¡Vaya!», pensé para mis adentros.

Esperó un cómico instante.

«... y duermo mal por la noche».

Yo me reí también, pero a menudo pienso en la verdad que hay en las dos cosas que dijo. Ellen condensó lo que muchos de nosotros queremos en la vida. Tal vez no pidamos directamente «la inteligencia que gobierna el universo». Pero queremos crecer. Queremos aprender más, hacer más, conseguir más. Es natural. No queremos sentirnos estancados o anquilosados en nuestro trabajo y en nuestras relaciones. Y quizás lo más importante, no queremos sentirnos reprimidos por dentro. Pero la realidad es que a menudo tiran de nosotros en muchas direcciones, cuidando de los niños, de nuestra pareja, del trabajo, es fácil sentirse atascado, sentir que, en el mejor de los casos, nos patinan las ruedas. Trabajamos mucho simplemente para mantenernos a flote, para mantener el actual estado de cosas. Pero no estamos creciendo.

¿Qué nos lo impide? Infinidad de cosas: agotamiento, dificultad para concentrarnos, falta de buenas ideas. O quizá no sabemos qué hacer, por dónde empezar. Que cada uno hable por sí mismo. La cuestión es que meditar da acceso directo a nuestro yo más íntimo y sin constricciones. Al hacerlo, le ofrece al cuerpo el descanso profundo que necesita para eliminar la acumulación de estrés y tensión que consume la energía y debilita la salud. Facilita la claridad de pensamiento, el libre flujo de ideas, y la convincente determinación de introducir cambios en nuestra vida y en nuestro entorno.

Llevo mucho tiempo enseñando a la gente a meditar, pero siempre agradezco ver cómo afecta a cada persona de manera diferente. Un buen ejemplo es cuando tuve la oportunidad de enseñar al actor Michael J. Fox. Todo empezó cuando recibí una llamada en el descanso del partido de los New York Knicks en el Madison Square Garden, donde me encontraba.

Era Tracy Pollan, la esposa de Michael. Quería pedir una cita para que Michael aprendiera a meditar. Mientras barajábamos fechas, le hablé de los beneficios que la meditación podría aportar a Michael, de quien sabía que luchaba contra el párkinson desde principios de los noventa. Al final de la conversación, pregunté a Tracy sin pensarlo: «¿Michael tiene ganas de aprender?».

«Ay, Dios, no lo sabe —dijo, riendo—. Aún no se lo he dicho. ¡Es una sorpresa!».

A Michael debió de gustarle la sorpresa porque vino a nuestra oficina unas semanas después para aprender. Antes de empezar, me contó que ese día no había tomado la medicación que le ayudaba a controlar los temblores. Quería ver objetivamente hasta qué punto la meditación lo calmaba. El Michael que vemos en la televisión y en espacios públicos está medicado para reducir los temblores. A Michael sin medicación prácticamente no le ve nadie salvo la familia y los amigos íntimos. De hecho, tras décadas con EP, como mucha gente se refiere a la enfermedad de Parkinson, los temblores de Michael se han hecho más pronunciados.

Me senté enfrente de Michael, los dos en cómodos sillones. Le di su mantra y le expliqué cómo funcionaba correctamente. Él cerró los ojos y empezó a meditar. Al cabo de unos segundos —de unos segundos literalmente— los temblores desaparecieron. No quiero decir que disminuyeran gradualmente, sino que cesaron de golpe.

Atónito por lo que vi, cerré los ojos y medité con él. Unos minutos después, cuando ambos habíamos terminado la meditación, lo miré, y Michael se contemplaba las manos, que descansaban inmóviles en su regazo. Siguió allí sentado durante unos minutos más, sin dejar de mirarse las manos.

«Este momento —confesó— es el más calmado que he tenido en años. En décadas».

Me pregunté si tendría la misma experiencia la próxima vez que meditara en casa. Quedamos al día siguiente y, como era de esperar, me dijo que había sucedido lo mismo. Una semana después, me contó que le seguía ocurriendo cuando meditaba en casa. Cada vez que hacía MT, le cesaban los temblores. Añadió que había empezado a dormir más profundamente por la noche, mientras que antes se despertaba cada dos o tres horas.

Un mes después, durante otra visita, Michael recordó lo inusitadamente relajado que se sintió poco antes de dar una charla de una hora de duración sobre la enfermedad de Parkinson ante una gran audiencia en Toronto. En el pasado, me confió, se habría quedado entre bastidores, la mar de inquieto por las palabras que había planeado decir. Esta vez meditó durante veinte minutos en el camerino, salió al escenario y dio una de las mejores conferencias de su vida.

Aunque los temblores de Michael reaparecen inevitablemente cuando termina los veinte minutos de meditación, para él lo importante ha sido la significativa disminución en los niveles de ansiedad y la mejora general en la calidad de vida.

Desde que enseño a Michael, he hablado con otros profesores de MT que han enseñado a meditar a personas con párkinson, y ellos cuentan experiencias similares. ¿Por qué sucede eso? Sería interesante averiguarlo. Se cree que la causa de esta enfermedad está en que el cerebro poco a poco deja de producir el neurotransmisor (una sustancia química) dopamina. A medida que descienden los niveles de dopamina, la persona tiene progresivamente menos capacidad para regular los movimientos, el cuerpo y las emociones. Quizá la meditación afecte de alguna manera a la producción de dopamina, calmando este debilitante trastorno neurológico crónico. Es el tema de un estudio que la Fundación David Lynch está decidida a apoyar.

También se puede llegar a la MT siendo un completo escéptico —como el doctor Richard Schneider, contraalmirante retirado y presidente de la Universidad de Norwich—, pero estar abierto al cambio. El presidente Schneider me cayó bien desde el momento en que me saludó con un firme apretón de manos en su despacho de Norwich en 2010. En buena forma, bondadoso y afable, es el presidente de Norwich, la universidad militar privada más antigua de Estados Unidos, que más tiempo lleva en el cargo. Schneider me dijo que había oído hablar de nuestro trabajo a través de Joan Andrews, la hija de un querido licenciado y administrador de la Universidad de Norwich, el difunto Paul Andrews.

«Tienes que ver lo que la MT está haciendo con los veteranos de guerra —dijo Joan—. ¡Les está ayudando!».

«Muy bien, retrocede, ¿qué es MT?», preguntó el presidente Schneider.

«Meditación trascendental».

El presidente Schneider reconoció que se rio. La palabra escéptico no alcanza a describir cómo se sintió, pero es un hombre inteligente, y Norwich tiene la reputación de estar a la vanguardia. Fue una de las primeras universidades militares en admitir a mujeres y a afroamericanos, y también es la cuna de los programas ROTC (Reserve Officer's Training Corps o Cuerpo de Entrenamiento para Oficiales de la Reserva). Y no es solo una cuestión de historia. Esta pequeña universidad de Northfield, en Vermont, se ha ganado ser la segunda en el estudio de la ciberseguridad, el próximo campo de batalla.

«Yo dije: "Vale, deja que me informe sobre ello" —recordó—. Tengo un campus muy estresado porque eso es lo que hacemos aquí: estresamos a los alumnos para que se acostumbren a estar estresados en el ejército».

Cuanto más averiguaba el presidente Schneider sobre los tangibles beneficios de la meditación, más interesado estaba. Así que nos invitó a mi colega el coronel Brian Rees, médico que estuvo destinado cinco veces en Irak y Afganistán, y a mí a reunirnos con él y todo su equipo administrativo para plantearnos la puesta en marcha de un programa piloto de enseñanza de MT.

«Apoyo la idea del programa —me dijo a mí entonces—. Pero debo aprenderlo yo primero antes de sugerírselo a ningún estudiante. Tengo que estar en primera línea».

Él sabía que podía estar asumiendo un gran riesgo al introducir la meditación en una escuela militar; «tanto profesionalmente como con respecto a mi reputación», me dijo. «Tenía que aprender de manera que pudiera mirar a la gente a los ojos y decir: "Yo hago esto. A mí me funciona"».

Una fresca y soleada tarde, en un cuarto de estudio privado que daba a la sala de la biblioteca principal de la universidad, le enseñé cómo meditar. A los pocos días de aprender, el presidente Schneider descubrió que su vida era menos estresante a pesar de que ninguno de los estresores externos habituales había desaparecido. «Estaba más centrado y más relajado —dijo—. Dejé de preocuparme por pequeñeces, que creo que son las que nos vuelven locos». Me contó también que disfruta meditando en los aviones, porque nota cómo los ruidos se van apagando, «incluso cuando hay algún crío detrás dando patadas a la silla. Soy consciente de ello, pero estoy perfectamente relajado».

Schneider vio el valor potencial para los «novatos»: los nuevos cadetes. «Los cadetes llegan a Norwich cada vez con más estrés —reconoció—. Cualquiera de nuestros orientadores te diría lo mismo. Y cuando oyes las historias de esos jóvenes, no es de extrañar que no puedan concentrarse en las matemáticas. Vienen con un gran lastre emocional».

Recién salidos del instituto, muchos de estos líderes-en-período-de-entrenamiento se preocupan por sus familias monoparentales, y por lo que les suceda a sus hermanas y hermanos pequeños en el barrio. «Normalmente no se preocupan por sí mismos —explicó el presidente Schneider—. Se preocupan por otros».

Schneider anunció el programa piloto de MT en una carta a la clase entrante y a los padres de los jóvenes. «Estábamos desbordados por la cantidad de padres que querían que sus hijos lo hicieran —dijo—. Formamos un grupo de unos treinta chavales que estaban en el programa y otro grupo de otros treinta que no lo estaban».

«Sinceramente, al cabo de tres semanas, los chicos que no participaban en el programa se quejaban de que estaban en desventaja —dijo Schneider—. Porque los chicos que meditaban no recibían reprimendas a voces, se mantenían despiertos en clase y rendían mejor. Así que ellos lo querían también. Y les dije: "Lo tendréis, pero vais a tener que esperar"».

En todas las áreas funcionales susceptibles de ser medidas, el equipo de MT superaba al equipo control. Problemas como la depresión, la ansiedad, el estrés, los malos humores..., todos disminuyeron significativamente. El pensamiento constructivo, la forma de afrontar los problemas emocionales y la resiliencia aumentaron todos.

«Tengo la responsabilidad ética de proporcionar a estos jóvenes todo lo que pueda darles para que sean más triunfadores, más victoriosos y cuiden mejor de sus tropas», me dijo. Schneider siente una responsabilidad añadida, sabe que está entrenando a futuros oficiales que cargarán no solo con el manejo de su propio estrés en la adversidad, sino también con el de las personas a las que lideren. «Si el líder está estresado, todos los que están en el equipo lo saben —dijo—. Lo que quieres es que el equipo tenga confianza».

Resiliencia en medio de situaciones difíciles: no hay duda de que eso es lo que se necesita durante una típica noche en el servicio de urgencias del hospital Monte Sinaí de Chicago. Uno de los cuatro mejores centros de traumatología de Chicago, el Monte Sinaí también se encuentra donde operan las pandillas del West Side.

Y justo allí en medio de todo está el doctor John Vázquez, director médico del Grupo Sinaí y catedrático de anestesiología. «En verano es cuando hay más movimiento —me contó—. Tenemos un nivel más alto de lesiones traumáticas durante los meses de calor».

El Monte Sinaí tiene un servicio de traumatología de nivel 1, para los casos de más gravedad, y una unidad de cuidados intensivos neonatales de nivel 3, también el nivel más alto de gravedad. «Vemos a los más enfermos entre los enfermos, y vemos lesiones traumáticas gravísimas —dijo el doctor Vázquez—. La violencia es demoledora para las familias. Pero también es traumatizante para los equipos de primera intervención, el personal de las ambulancias, y la gente que recibe a esa persona en urgencias y en las salas de operaciones».

Para ayudar a sobrellevar el estrés, hace unos años, el doctor Vázquez empezó a practicar MT a través de una beca de formación ofrecida al hospital. Yo estaba especialmente interesado en su experiencia porque no solo maneja las presiones del quirófano, sino que también entiende el funcionamiento de la junta directiva. «Tengo un doble papel aquí. Soy anestesista de profesión, y eso es clínica —explicó—. Pero también soy director médico del Grupo Sinaí, que cuenta con unos trescientos médicos. Esa parte de mi trabajo es la comercial. Es decir, además de dirigir un departamento, superviso la parte comercial del grupo médico. Y todo ello me exige mucho tiempo».

Desde un punto de vista personal, el doctor Vázquez puede ver los efectos de esos traumas físicos, y desde un sentido gerencial, cómo afectan a la plantilla. La semana anterior a que habláramos me contó un caso del que se encargó personalmente. «Es muy triste ver cómo se pierden vidas a edades tan tempranas y todo ese enorme potencial».

«Puede provocar síndrome de agotamiento profesional —dijo, y añadió—: He visto a médicos tomar la decisión de dejar el ámbito hospitalario de cuidado intensivo para irse a ejercer en el más abierto régimen ambulatorio con el fin de reducir el nivel de estrés».

Al doctor Vázquez le encanta su trabajo, le gusta servir a su comunidad. Él dice que meditar le ayuda a mantener a raya parte del estrés de su trabajo. «Pero creo que parte de esos traumas permanece contigo —reconoció—. Es imposible experimentar lo que nosotros vemos sin que te afecte. Pero la meditación es una poderosa herramienta que me ayuda a manejar el estrés y a prevenir que me pase factura».

No puedo poner de relieve estas historias de transformación personal y curación sin hablar de Joey Lowenstein. Nunca había enseñado a un niño con algún trastorno del espectro autista hasta hace pocos años. Pero había oído a compañeros profesores de MT que la meditación también beneficia a niños y adultos con autismo.

Entonces Joey entró en mi vida. Su madre, Roberta Lowenstein, se puso en contacto conmigo cuando ella ya llevaba dos años meditando. Me explicó la gravedad de la enfermedad de su hijo, que por entonces tenía quince años. El muchacho no hablaba, pero se comunicaba con una pizarra. Su cociente intelectual sobrepasa los niveles de genio, pero no puede parar quieto. Y lo que es peor, tiene una ansiedad tremenda.

Eso es importante para comprender esta historia. El chico tiene una discapacidad, pero cuestión aparte es la ansiedad.

«¿Le enseñará?», me preguntó su madre.

«Claro que sí», respondí.

Cuando nos reunimos para comenzar el aprendizaje, enseguida me di cuenta de que Joey tenía serios problemas de concentración. De hecho, durante la primera semana después de que aprendiera a meditar, solo podía mantener los ojos cerrados durante uno o dos minutos antes de que se levantara de la silla de un salto. Pero Joey tiene una nobleza que la gente adora, yo incluido. Nosotros perseveramos, o Roberta traía a Joey a mi despacho para hacer el seguimiento, o yo me reunía con Joey en su casa para que estuviera en un entorno familiar.

Para mí era como de la familia, y quería que le saliera bien.

Y lo conseguimos. En el plazo de un mes, más o menos, Joey meditaba durante quince minutos dos veces al día y realmente disfrutaba de los beneficios. Su madre dijo que se le veía menos ansioso, y que mostraba más confianza en sí mismo. Recordó la vez en que Joey se quedó atrapado en un ascensor en la ciudad de Nueva York, a gran altura, durante casi una hora solo con la persona que lo cuidaba y una botella de agua.

«Joey superó esa aterradora experiencia gracias a la MT —me contó Roberta—. Empezó calmado y siguió así».

Sí, la vida de Joey está llena de retos, y él es muy consciente de ellos. Pero es un adolescente normal: quiere tener novia y amigos. Y sentirse incómodo socialmente le había hecho creer que no estaba a la altura.

Eso nos resulta conocido, ¿verdad? Recuerdo preguntarle durante una visita cómo le iba con la meditación. En su pizarra escribió que le encantaba meditar. Le pregunté que por qué.

«Porque es fácil —respondió por escrito—. Yo puedo hacerlo».

«Por supuesto que puedes —contesté—. Pero ¿por qué te encanta?».

«Es el único momento del día —escribió— en que no me siento mal conmigo mismo».

Fue duro ver esas palabras escritas con tanta claridad. Desde esa conversación, Roberta y Joey se mudaron a Georgia, donde él disfruta de un ambiente más favorable para su desarrollo. Roberta me dijo que Joey está empezando a hablar cada vez más y que se le ve con más confianza en sí mismo. Ella considera que la práctica regular de MT es un factor que contribuye a ello, y Joey está de acuerdo. Él dice también que meditar mantiene a su madre de mejor ánimo.

«La MT calma la mente y a la madre», me escribió una tarde en su pizarra después de que los tres meditáramos juntos.

Obviamente, la MT mejoró la vida de Joey de manera tangible. Entonces ¿puede la MT ayudar a adolescentes que no están en el espectro autista a desarrollar resiliencia y la capacidad de funcionar bien en circunstancias estresantes? ¿Puede ayudar al estresado de excelentes resultados y al desmotivado que no rinde al nivel exigido?

No hay duda de que sí, dice el doctor William Stixrud, uno de los más destacados neuropsicólogos clínicos del país, así como miembro del cuerpo docente del Centro Médico Nacional Infantil, de Washington, D. C., y profesor ayudante de psiquiatría de la Facultad de Medicina y Ciencias de la Salud de la Universidad George Washington. Además, es coautor del libro de próxima aparición *The Self-Driven Child: The Science and Sense of Giving Kids More Control over Their Lives*. He hablado con el doctor Stixrud porque es un experto en cómo los padres y otros adultos pueden ayudar a los jóvenes a «esculpir» cerebros que funcionen con más eficiencia: es lo que él llama «estirar a los niños sin romperlos».

Aunque los adolescentes no suelen pedir a sus padres que les busquen un profesor de MT —en general porque nunca han oído hablar de ellos—, cuando meditan regularmente, les beneficia de la misma manera que a los adultos. Como estos, los jóvenes tienen un centro —un fondo interior que es apacible y feliz— al que aprenden a acceder a través de la MT, dice el doctor Stixrud. «Y cuanto más lo hacen, más calmados se encuentran y mejor reaccionan ante el estrés. Y cuando se estresan, superan ese estrés con más rapidez, a menudo dos veces más rápido que los jóvenes que no meditan. Los jóvenes que meditan generalmente duermen mejor, son más capaces de poner las cosas en perspectiva, y en general encuentran más fácil ir por la vida con menos desgaste».

Esto es una realidad para los jóvenes que se enfrentan al estrés de crecer en extrema pobreza, y también para los hijos de familias adineradas que sienten una tremenda presión en colegios de élite. El doctor Stixrud asistió recientemente a una conferencia en la que varios profesionales debatieron datos que mostraban que la MT es una poderosa herramienta para prevenir la violencia en jóvenes desfavorecidos. En un momento determinado, una mujer que dirige un programa académico de secundaria para estudiantes sobresalientes, muchos de los cuales están muy estresados, contó a la audiencia que ella había introducido la MT en su colegio porque «ya no soportaba tener que enviar a más alumnos deprimidos o con comportamiento autodestructivo al hospital».

Los estudios han demostrado también que la MT puede dar a casi cualquier adolescente la capacidad de pensar dos veces —o incluso una vez— antes de actuar. Ayuda a los jóvenes impulsivos a ser más reflexivos, y a los niños sin contención emocional, a moderar sus reacciones. Como dice el doctor Stixrud: «La meditación trascendental permite que la corteza prefrontal de su cerebro module mejor la amígdala, la cual les da un mayor sentido del control».

Al doctor Stixrud le gusta contar la historia de un joven adolescente especialmente hiperactivo e impulsivo al que conoció durante un estudio de MT. El muchacho llevaba, junto a sus compañeros de un colegio para niños con dificultades de aprendizaje, tres meses practicando meditación, y el doctor Stixrud estaba haciendo una comprobación de rutina para registrar resultados.

«¿Notas si la meditación te hace algún efecto en tu vida cotidiana?», preguntó el doctor.

El adolescente se quedó parado un momento, claramente reflexionando sobre la pregunta y respondió: «Antes, si iba caminando por el pasillo y alguien se chocaba conmigo, me daba la vuelta y le pegaba. —El doctor Stixrud asintió con la cabeza, profesional como siempre—. Pero ahora que medito, si alguien se choca conmigo en los pasillos, me paro y pienso: "¿Debería pegarle o no?"».

El doctor Stixrud me contó que, cuando dejó de reírse, pensó lo siguiente: «Conseguir que los niños impulsivos sean menos impulsivos es muy difícil; ¡puede que esto sea lo mejor que jamás me han dicho sobre la meditación trascendental!».

Ese chaval del pasillo es como muchos de nosotros, solo que para nosotros la cuestión no es probable que consista en «¿debería pegarle o no?», sino en «¿debería reaccionar precipitadamente y responder a ese correo electrónico y mostrar a todo el mundo que ese tipo es un idiota?». Meditar te da tiempo y espacio para reaccionar y tomar decisiones inteligentes no solo en el momento, sino también en asuntos de mayor calado, como qué esperamos de la vida.

Me encuentro con que muchas personas son capaces de apreciar el valor de la meditación en sus vidas cuando ven cómo mejora la de los veteranos de guerra. «Si la técnica les funciona a esos hombres y mujeres que viven con los niveles más tóxicos de estrés y ansiedad —discurren—, puede que también me funcione a mí».

Vean el caso de Melanie Pote. Llevaba dieciséis meses sirviendo en el Ejército de Estados Unidos cuando todo se torció. Alrededor de las siete de la mañana del 20 de marzo de 2002, se encontraba terminando su turno de vigilancia nocturna de las reservas de municiones de Fort Drum, en el norte del estado de Nueva York. Tocaba semana de entrenamiento, y Melanie y otros miembros del Batallón de Inteligencia Militar 110 estaban preparándose para una jornada de prácticas de tiro en un campo cercano. Pero antes tenían que hacer cola para desayunar en la tienda de campaña.

«Como yo vigilaba la munición por la noche, normalmente era la que encabezaba la fila, justo a las siete de la mañana —me contó Melanie—. Pero, por alguna razón, me entretuve. El chico que me relevó me dijo: "Vamos, ya han pasado quince minutos. Ponte en marcha". Y así lo hice».

A las siete y veinte, Melanie era la quinta de la fila cuando dos obuses de artillería no alcanzaron sus objetivos de perforación y arrojaron metralla que destrozó una tienda de campaña. Los obuses, cada uno capaz de destrozar un tanque, se dispararon después de que varios miembros de otro batallón «actuaran de manera negligente», según el entonces comandante en funciones de Fort Drum.

«Vimos venir los proyectiles —recordaba Melanie—. Y entonces sucedió la explosión. La primera persona que estaba en la fila murió al instante. Ahí era donde yo estaba normalmente. También murió otro sargento al que conocía muy bien. No falleció en el acto, sino después. Pero le vi debatirse mientras intentábamos ocuparnos de él».

Melanie saltó por los aires. «Ni siquiera me di cuenta de que estaba herida. Intentaba ayudar a los demás. Entonces vi que tenía dos trozos de metralla en la pierna izquierda», dijo.

Las heridas se curaron, pero el trauma siguió ahí. «No estás preparado para que algo así suceda en tu propia base —dijo—. Esperas que ocurra allí, en Irak».

Melanie volvió a casa y las cosas no hicieron sino empeorar. «Por experiencia propia con el estrés postraumático, hay muchos detonantes. Hay muchos ruidos —el petardeo de un coche o los fuegos artificiales— que te traen a la memoria el suceso anterior».

Peor aún, el hecho de esperar que se desencadenara hacía que Melanie viviera en un tenso estado de pánico. «Tenía una permanente sensación de opresión y un dolor en el pecho», dijo.

Tras una década de sentirse desorientada, Melanie, que en la actualidad se dedica al tatuaje artístico cerca de Lawrenceville, en Georgia, buscó la ayuda de un terapeuta que la ayudó a superar la culpa del superviviente. Aun así, vivió con ese temor inevitable. «Durante mucho, mucho tiempo, me sentí muy perdida», dijo.

Pero allí estaba ahora, esta mujer tímida, pero alegre, hablando conmigo.

«¿Cómo empezó el cambio?», le pregunté.

«Se va a reír, pero oí hablar de la meditación en una entrevista con el actor Matt Bomer. Dijo algo así como que todo el mundo necesitaba de un botón de reinicio para poder empezar el día sin ansiedad», me contó.

Por curiosidad, Melanie consideró la MT y en 2016 decidió aprender: «A las dos semanas de haber empezado a meditar, iba en mi coche por la carretera cuando de repente me dije: "Un momento, ya no tengo la opresión ni el dolor en el pecho. Ni esa constante sensación de que me voy a morir"».

Paró el coche a un lado y llamó a su profesor de meditación. «Me reía porque parecía una locura. Había vivido con aquella ansiedad durante mucho tiempo, y la meditación era lo que faltaba para curarla».

«Por supuesto, hay momentos en que el trauma vuelve a surgir, pero los efectos no son tan graves y se disipan con más facilidad —dijo Melanie, y añadió—: No soporto los fuegos artificiales, pero el temor constante ha desaparecido. Ahora siento más calma».

Podemos poner la historia de Melanie en un contexto más amplio con este hecho preocupante: según un estudio reciente del Departamento de Veteranos de Guerra de Estados Unidos, veintidós veteranos estadounidenses se suicidan *diariamente*. Eso quiere decir que mientras los veteranos de guerra son solo el 9 por ciento de la población, ellos representan el doble —18 por ciento— del número de suicidios en Estados Unidos. El estudio consta de más de cincuenta millones de historiales de veteranos desde 1979 hasta 2014 de todos los estados. Lo más llamativo es que aproximadamente el 65 por ciento de los veteranos que se suicidaron en 2014 eran individuos de cincuenta o más años, muchos de los cuales habían participado poco o nada en las guerras más recientes.[1] Medio millón de soldados desplegados desde 2001 tienen trastorno de estrés postraumático (TEP) a cambio de su servicio. The Rand Center for Military Health Policy Research estimó que los costes relacionados con el TEP y la depresión oscilan entre los cuatro mil y los seis mil doscientos millones de dólares en el curso de dos años.[2]

El primer estudio de la utilización de la MT para tratar el estrés postraumático se hizo con excombatientes de la guerra de Vietnam. El ensayo mostró una reducción del 52 por ciento de los síntomas de ansiedad, un descenso del 46 por ciento de la depresión, y una reducción del 40 por ciento de los síntomas del estrés postraumático cuando llevaban tres meses practicando la técnica. Los veteranos que no podían dormir finalmente encontraron alivio, y muchos que se habían dado a la bebida fueron capaces de moderar el consumo de alcohol.[3]

Más recientemente, un estudio de veteranos de las guerras de Irak y Afganistán mostró una reducción del 48 por ciento de los síntomas de estrés postraumático y una mejoría del 87 por ciento en la depresión. Los resultados eran evidentes después de solo dos meses practicando meditación trascendental.[4]

En 2010 la Fundación David Lynch empezó a ofrecer MT a veteranos, a personal militar en servicio activo y a cadetes —y sus familias— a través de nuestra iniciativa Operation Warrior Wellness. Así fue como Paul Downs aprendió a meditar. En sus once años de servicio como soldado de infantería en el Cuerpo de Marines de Estados Unidos, Paul fue destinado a puntos de conflicto y zonas de combate por todo el mundo. Solo en Oriente Medio, sirvió en Irak, Omán, Qatar y Kuwait. Cuando Paul dejó los marines, una de las cosas que deseaba era estar cerca de sus hijos pequeños. Pero no se había dado cuenta de lo importante que era para él su identidad de marine. Cuando Paul dejó el cuerpo, dijo, lo perdió prácticamente todo: su tribu, sus señas de identidad, todo lo que él daba por cierto. Debido a eso perdió el sentido de seguir adelante, de tener una meta y de conexión.

Paul sufría trastorno de estrés postraumático (TEPT). Para cualquiera que lo viese, me contó, «solo sería un veterano enfadado e insatisfecho más». Solicitó ayuda en la Administración de Veteranos, buscando orientación, dirección y conexión. Dice que no le sirvió de nada, y dejó de intentarlo.

«Me ahogaba en miedo y tristeza —reflexionó—. Unos meses después de dejar el uniforme, ideé un plan detallado para suicidarme. Pero mientras estaba en mi furgoneta, preparado para proceder, me vino un pensamiento a la cabeza: morir por propia voluntad no es un derecho natural. No es la forma de morir de un guerrero. Los guerreros valoran profundamente la vida y no son víctimas de las circunstancias».

Desesperado, Paul contactó con la Boulder Crest Retreat de Virginia, una residencia muy respetada para veteranos, militares en servicio activo y equipos de primera intervención que buscan sanar las heridas ocultas del trauma. Allí aprendió meditación trascendental.

«Lo que aprendí en Boulder Crest era excelente, pero gran parte de ello no era aplicable a la vida cotidiana fuera del centro de retiro, como la equinoterapia o el tiro con arco —me contó—. La MT es diferente. Puedes llevarla a cualquier sitio y hacerla en cualquier momento, en un avión, sentado en medio del tráfico, en cualquier parte. Los veteranos de guerra necesitan esta meditación. Necesitamos aprender a adaptarnos de manera que podamos estar calmados, serenos y ser dueños de nosotros mismos en casa, como fuimos entrenados a estar en el campo de batalla. A mí la MT me ha funcionado, y les ha funcionado a miles de mis hermanos y hermanas. Me ha dado la oportunidad no solo de sobrevivir en la tierra, sino de prosperar en ella, y de vivir una vida llena de objetivos, significado, relaciones y servicio a los demás».

Hace cinco años, el Departamento de Defensa de Estados Unidos financió un ensayo clínico de dos mil cuatrocientos millones de dólares para evaluar los efectos del programa de meditación trascendental sobre la gravedad de los síntomas del trauma psicológico, así como de la depresión, comparados con la terapia cognitiva conductual (cambiar los patrones de conducta para aliviar los síntomas) con exposición prolongada (acercamiento gradual de la persona al objeto temido sin peligro para ella), y control de la educación en la salud. En el estudio, controlado y aleatorio, desarrollado en el sistema sanitario del Departamento de Asuntos de Veteranos de Guerra, se contó con doscientos tres veteranos con estrés postraumático documentado.

Los resultados presentados en el Simposio de Investigación del Sistema Militar de Salud en agosto de 2017 mostraban que tanto el grupo de MT como el de terapia con exposición prolongada, que se ha considerado el tratamiento de referencia para TEPT, presentaban, a los tres meses, una reducción significativa de la gravedad de los síntomas de trauma psíquico y depresión comparados con la educación sanitaria. Es más, los beneficios eran generalmente más altos en el grupo de MT comparados con los que se sometieron a la exposición prolongada.

El doctor Sandy Nidich, coinvestigador principal del estudio, me dijo: «La meditación trascendental es un tratamiento no centrado en el trauma, y de hecho puede ser preferible a otros tratamientos para el TEPT, como la terapia de exposición, que supone el contacto repetido y deliberado con los estímulos que provocan la ansiedad».

Mi propia historia

No puedo pedirle a nadie que piense en lo que podría obtener aprendiendo a meditar sin contar lo que la MT ha supuesto para mí.

Crecí en el área de la bahía de San Francisco en las décadas de 1950 y 1960, heredando la pasión por la educación de mi madre, maestra, y un profundo respeto por la ciencia y una saludable dosis de escepticismo de mi padre, que era radiólogo. Este se costeó los estudios universitarios repartiendo periódicos durante la Depresión y luego sirvió en la Segunda Guerra Mundial de médico en los frentes europeos. Regresó con la cadera derecha destrozada y un dolor crónico en la cadera, la rodilla y la espalda para el resto de su vida. El cirujano general le operó de la cadera tres veces y las tres fueron una chapuza. Durante un periodo, estuvo escayolado nueve meses en el hospital Walter Reed de Washington, D. C. Nueve meses con terribles dolores, la escayola y sin aire acondicionado en el sofocante calor de Washington. No puedo ni imaginarlo.

Todo esto lo supe por mi madre, porque mi padre jamás habló de nada que tuviera que ver con la guerra. De niño, encontré un caja con sus medallas y de lo emocionado que estaba le pregunté por ellas. Él se removió incómodo en su sillón, miró hacia otro lado y cambió de tema como si le hubiera enseñado una vieja caja de piedras mohosas y malolientes. De hecho, ninguno de los padres de mis amigos —casi todos ellos veteranos— habló nunca de lo que habían visto.

A mi padre le contrataron como médico adjunto de radiología en el hospital Administrativo para Veteranos de Fort Miley, en San Francisco, situado frente a una vista espectacular justo en la intersección del océano Pacífico y la bahía de San Francisco. Así que mis padres, mi hermana mayor, Ellen, y yo nos mudamos primero a San Francisco durante unos meses y después al otro lado del Golde Gate Bridge, a Greenbrae, en Marin County. Unos años después nacieron mis hermanos, Bill y Tom. En muchos sentidos, éramos como una familia militar. Como mi padre era capitán cuando resultó herido, podíamos comprar en el economato militar de la base de la Fuerza Aérea Hamilton, que estaba en Novato, a treinta minutos en coche. Nos quedaba un poco a trasmano, pero nos ahorró mucho dinero.

Todo lo que tenía mi padre de reservado, lo tenía mi madre de comunicativa y cariñosa. Solía decir que su casa siempre tenía las puertas abiertas. Conocía gente de la oficina de las Naciones Unidas en San Francisco que la llamaba si algún diplomático extranjero necesitaba un lugar donde alojarse. Mis hermanos y yo podíamos despertarnos por la mañana y encontrarnos a un ministro de Economía de Ghana que iba a vivir tres meses con nosotros. Ella era el recurso de emergencia para cualquier estudiante de intercambio extranjero que necesitara acogida en el último momento.

Debido al constante dolor que tenía mi padre a causa de las heridas de guerra, mis padres instalaron una piscina en la parte de atrás para su terapia. Si conocieran a mi madre, adivinarían lo que sucedió. Ella era voluntaria de educación especial en la escuela Marindale para niños con discapacidades físicas e intelectuales. Con frecuencia invitaba a sus alumnos a pasar el día en la piscina a modo de excursión escolar. Cuando vio lo felices que les hacía, se puso en contacto con una escuela de un barrio marginado de Marin City y organizó visitas para ellos. A veces yo volvía del colegio y me encontraba con un autobús para escolares y cuarenta niños afroamericanos divirtiéndose en el césped de la piscina.

Mi padre esperaba que yo fuera médico, pero yo no quería. Cuando tenía diez años, intentó que me interesara por la medicina llevándome con él a Fort Miley. Los sábados por la mañana, él me encontraba arrojando mi pelota de béisbol contra la pared de cemento de enfrente del garaje, recogiendo bolas con el desgastado guante de Willie Mays con el que dormía todas las noches. «Bueno, Bobby —decía—, vamos al hospital, que yo voy a analizar una radiografía. Luego iremos a Candlestick Park».

Candlestick era donde jugaban mis adorados San Francisco Giants. La idea de ir a un partido de los Giants lo era todo para mí. Así que iba a Fort Miley y me sentaba en la sala de espera del hospital. Invariablemente una radiografía se convertía en dos; después, en diez, y luego en tantas que no podía contar, porque siempre había urgencias. Me quedaba allí sentado durante horas. Y veía a aquellos veteranos de expresión triste, vendados y destrozados por la guerra recorriendo los asépticos pasillos en sus sillas de ruedas. Hombres rotos. Ver su dolor físico y emocional me dejó una profunda impresión en el corazón. Quizá esa es la razón por la que me siento tan inclinado a trabajar con veteranos.

Mi padre también se ofreció como voluntario para analizar radiografías una vez a la semana en la prisión estatal de San Quintín, a unos kilómetros de casa. Aunque pueda parecer increíble, había un restaurante en las instalaciones de la prisión cuya plantilla estaba formada por presos a los que se llamaba «fideicomisarios». Así que una o dos veces al mes, mis padres nos llevaban a mis hermanos, a mi hermana y a mí a cenar allí, porque (oh, sorpresa) era más barato alimentar a una familia de seis en el restaurante de una cárcel. Si te encerraban en San Quintín, era por algo brutal y violento, a menudo por asesinato. Pero para mí aquellos fideicomisarios eran seres humanos, y en especial me acuerdo de un camarero llamado Tommy, un tío grande al que le faltaban el dedo medio y el anular de la mano izquierda. Tommy siempre se acordaba de lo que yo pedía: filete de pollo frito.

Claro que, en cuanto mis amigos se enteraron de nuestras visitas a la cárcel, todos querían ir. Lo que más les gustaba era venir a mi casa después del colegio un viernes, ir a cenar a San Quintín con mi familia, y volver a casa para ver *En los límites de la realidad* en la tele y quedarse a dormir. Una vez que se apagaban las luces, mis amigos imaginaban las increíbles historias que debían de haber llevado a aquellos tipos a prisión. Yo les seguía el juego, pero la verdad es que empecé a pensar en las cosas horribles que les habrían ocurrido en la vida para terminar entre rejas.

Probablemente debido a mi educación, desde muy pronto me fascinó la política y me atrajo el servicio público. Como la mayoría de los niños con los que crecí, adoraba al presidente John F. Kennedy. Recuerdo unirme, en la primavera de 1963, a mi grupo de *boy scouts* para cumplir el reto de mantenerse en forma lanzado por el presidente Kennedy y hacer una caminata de ochenta kilómetros. Ya entonces sabía que era un niño muy afortunado por crecer en medio de las montañas costeras del norte de la bahía. Siempre que podía, iba de acampada al monte Tamalpais. En octubre de 1963 ya había cumplido trece años, me había convertido en un *scout* «Águila» y me había enamorado de Denise Biancalana, mi primera novia.

Y luego asesinaron al presidente Kennedy. Mirando hacia atrás, estoy seguro de que esto traumatizó profundamente a gran parte del país, sobre todo a los niños. Desde luego, impactó hasta lo más hondo a este chico de trece años que no sabía lo que era la muerte. Y recuerdo que me sentía fatal y me preguntaba cómo era posible que el sol pudiera salir al día siguiente. Cómo podían continuar las cosas sin más.

Lo hizo, aunque ya no fue igual. En el otoño de 1967, mi último año de instituto, yo y otros tantos niños de aquel tiempo nos despertamos a un mundo sumido en el caos. Como muchas otras personas, me había entusiasmado con el hermano del presidente Kennedy, Bobby, cuando fue elegido senador por el estado de Nueva York. Su visión de futuro se convirtió en la mía: crear un mundo más equitativo y justo. No estaba muy identificado ni con demócratas ni con republicanos. Solo quería mejorar las cosas. Me aceptaron en la Universidad de California en Berkeley en octubre de 1968, y mi intención era estudiar Derecho, hacerme abogado, y luego convertirme en senador, como Bobby Kennedy. Creía que la forma de mejorar la vida de la gente era a través de la política y cambiando las políticas de intervención pública.

Durante el verano anterior a que empezara la universidad, daba clases particulares a un niño afroamericano de doce años, Kenny. Era de una familia pobre que vivía en una vivienda de protección oficial en Marin City. Yo ayudaba a Kenny centrándome sobre todo en las destrezas lectoras que no había adquirido en el colegio. Kenny vivía con su madre, y yo me sentía muy unido a los dos. En una visita cogí prestada la cámara Nikon de mi padre y les hice un retrato. Yo mismo revelé las fotos en blanco y negro y regalé a la madre una grande horizontal de veintidós por treinta y tres centímetros. Le encantó. Pero mientras revelaba la fotografía y miraba a aquella hermosa y sonriente madre con su hijo, me pregunté qué sería de Kenny. Eso no era nuevo. Veía a Kenny una vez a la semana y pensaba en él el resto del tiempo. No aprendía mucho en el colegio y el mundo parecía empeñado en decirle que no se molestara.

Tuve la oportunidad de ver al senador Kennedy hablar en persona en el auditorio cívico de San Francisco el 1 de junio de 1968. Recuerdo que el cantante Bobby Darin cantó «Mack the Knife» durante la concentración. Y luego habló el senador Kennedy, y me sentí parte de algo que podía cambiar las cosas. Era una sensación agradable.

Entonces, cuatro días más tarde, Bobby Kennedy fue asesinado en el hotel Ambassador de Los Ángeles. Solo habían pasado dos meses del asesinato del doctor Martin Luther King Jr., y los sentimientos de pérdida para este idealista de diecisiete años eran muy difíciles de soportar.

Aquel primer año en Berkeley fue muy complicado. La universidad se encontraba en un estado de agitación permanente, con protestas contra la guerra que derivaban en disturbios. Había helicópteros que lanzaban gases lacrimógenos y policías antidisturbios y tanques de la guardia nacional aparcados frente a mi residencia. Recuerdo volver caminando a casa, después de la clase de física, por College Avenue y oír un estruendo de pisadas a mi espalda. Me giré y vi a treinta antidisturbios de

Oakland agitando las porras, persiguiéndome *a mí*. Yo no había hecho nada malo. Afortunadamente, corrí mucho más rápido que ellos.

Tenía dieciocho años, y el primer año de universidad se supone que es agitado de todos modos. Pero con todo el malestar en el campus, la mía era una agitación desorbitada. Por primera vez en mi privilegiada y corta vida, tuve un presentimiento de lo que era sentirse inquieto, confuso y poco seguro. Incluso las pequeñas cosas empezaron a preocuparme, y las reacciones desproporcionadas ante sucesos nimios eran cada más frecuentes.

Todo el mundo en la universidad parecía encajar en algún grupo: de izquierdas, de derechas, hippies, deportistas o fanáticos religiosos. Yo no pertenecía a ninguno de ellos. No tomaba drogas y no me identificaba con la polarización política de ningún lado. Simplemente era un tipo que pensaba que iba a hacer una transición suave de un instituto de las afueras a la universidad y luego contribuir a cambiar el mundo.

La muy controvertida carrera presidencial de 1968 entre Richard Nixon y el vicepresidente Hubert Humphrey acabó con mis ilusiones de dedicarme a la política profesionalmente. Inspirado por el amor de mi madre a la enseñanza y por los recuerdos de trabajar con Kenny y su madre, decidí que haría un doctorado en Educación. Mi idea era especializarme en el desarrollo de contenidos educativos para ayudar a niños desfavorecidos no solo a aprender lo elemental, como las matemáticas, sino también a adquirir herramientas sociales y emocionales para sobrevivir y, ojalá, superar sus desafiantes (por decirlo con suavidad) circunstancias. Coincido fervientemente con el poeta irlandés William Butler Yeats, que escribió: «La educación no consiste en llenar un cántaro, sino en encender un fuego».

Mientras me afanaba en la consecución de esa meta, trabajé una temporada en la heladería Swensen's para ganar un poco de dinero extra. Estaba justo al norte de Telegraph Avenue, donde las manifestaciones callejeras contra la guerra de Vietnam ocurrían casi a diario. Y fue en Swensen's donde conocí a un compañero de trabajo llamado Peter Stevens.

Peter tenía veintiséis años, con un posgrado de la Universidad Tufts, cerca de Boston, y estaba estudiando diseño paisajístico por su cuenta. Trabajaba media jornada en Swensen's para cubrir gastos personales, y caía bien a todo el mundo porque en Berkeley era prácticamente la única persona que parecía tener los pies en la tierra y ser normal, lo que allí en 1968 era un gran elogio.

Llevaba trabajando con Peter unos seis meses cuando, una noche alrededor de las diez, me tomé un descanso de los estudios y me fui a Swensen's a por un poco de helado. Sabía que Peter hacía el último turno, pero no se le veía por ningún lado.

«¿Dónde está Peter?», pregunté a otro trabajador.

«Oh, está en la parte de atrás, meditando», respondió.

«¿Qué?».

La palabra *meditando* me impactó como una descarga eléctrica. Tenía una connotación muy extraña, y la verdad era que ni siquiera estaba en mi vocabulario. Pero cuando volvió a la tienda, allí estaba, el Peter de siempre, pero un poco más radiante de lo habitual, más sonriente, con cierto aire de serenidad en la cara. Tomé nota.

Le pregunté que qué hacía, y me respondió que practicaba meditación trascendental. Por supuesto que yo había oído hablar de ella porque la prensa dio mucha cobertura al hecho de que los Beatles hubieran ido a la India a estudiar MT con Maharishi a principios de 1968.

Sentarme en un sitio a meditar con los ojos cerrados nunca me había parecido muy atrayente. Yo me veía como una persona de acción; de las de ponerse manos a la obra. Quería cambiar el mundo, y eso requería *acción*. Pensé también que quizá era una filosofía o una religión, y a mí eso no me iba.

Por otro lado, yo estaba bastante estresado, y respetaba mucho a Peter, así que le pedí que me contara algo más. Él me indicó el camino al centro de meditación trascendental que había en Channing Way, una manzana al sur de College Avenue, y unas cuantas más al este del campus. Conocía el edificio. El letrero que había fuera decía, en letras mayúsculas: SOCIEDAD DE MEDITACIÓN INTERNACIONAL DE ESTUDIANTES. Había pasado por delante muchas veces desde mi residencia de Putnam Halla camino del apartamento de mi hermana, Ellen, en Hillside Court en Berkeley Hills.

Decidí confiar en Peter, arriesgarme, y asistí a lo que se anunciaba como una conferencia introductoria. El edificio, estucado de tres plantas, tenía una espaciosa sala de conferencias con unas treinta sillas en filas como en un teatro. Parecía cómoda. Era un lugar normal. No había almohadones en los que sentarse ni había que agarrarse de las manos en grupo.

Una mujer que aún no había cumplido la treintena dio la conferencia, y abordó los conceptos elementales de la práctica y sus beneficios. Al final, preguntó si había dudas. Yo levanté la mano y pregunté: «Todo eso suena muy bien, pero ¿cuánto he de creer en ello para que funcione?».

La mujer asintió con la cabeza amablemente. Luego sostuvo en alto un trozo de tiza con la mano derecha. Esperó un momento y entonces dejó caer la tiza en la mano izquierda, que tenía extendida debajo.

«No tienes que creer en la gravedad para que esta tiza caiga —dijo—. De la misma manera, no tienes que creer en nada para practicar MT». De hecho, dijo, yo podría ser un completo escéptico, que la técnica seguiría funcionando igual.

Eso encajó conmigo. Me gustó que pudiera ser un escéptico y no tuviera que «creer» en la meditación trascendental para que funcionara. Porque, en realidad, la única convicción firme que tenía al respecto era que yo iba a ser la única persona incapaz de meditar. Ella me aseguró que todo el mundo tenía esa persistente sospecha, pero que sí, cualquiera podía aprender.

Dos días después, en la soleada mañana del sábado 28 de junio de 1969, regresé al centro a empezar el curso.

Sylvia Schmidt era mi profesora. De treinta y pocos años, era una docente de voz suave. La acompañé hasta una pequeña sala que había en el segundo piso del centro.

«Muy bien, aquí estoy», me dije para mis adentros mientras me sentaba en una cómoda silla a su izquierda.

Mientras Sylvia me daba las primeras instrucciones, sentí que mi mente y mi cuerpo se sumían en un estado de profunda relajación. No hay que olvidar que yo era un susceptible y escéptico muchacho de dieciocho años. Y sin embargo, a los pocos segundos de mi primera experiencia de meditación, sentí que me inundaba una oleada de paz psicológica. La tensión del cuello, la espalda y los músculos del estómago fue la primera en desaparecer, y mi mente acelerada se apaciguó. Sin embargo, yo era consciente de todo y estaba totalmente despierto. Era extraordinario y al mismo tiempo no podía ser más familiar y natural. Una vez que terminó la meditación, me recuerdo pensando: «Esto es *genial*. No se trata solo de mi imaginación ni de visualizar, esto es verdaderamente *genial*».

Uno de los siguientes pensamientos que tuve fue: «Me gustaría enseñarlo a niños».

Enseguida comprendí que la MT no enjuiciaba. No había hilos ocultos. Ninguna organización a la que afiliarse, ni cuotas que pagar, ni presiones para comprar nada. Sylvia me dijo que volviera a meditar a última hora de aquella tarde. Se suponía que iba a ir a estudiar a casa de Ellen. Aún no quería que mi hermana supiera que había empezado a meditar, así que le dije que me iba al patio trasero a leer. Tuve la brillante idea de intentar meditar en una terraza que quedaba un poco escondida en la ladera. No había silla, así que me senté en los tablones de madera. Y medité. Y los mosquitos me comieron vivo. Y quiero decir que «me comieron vivo». Me di cuenta entonces de que no hace falta sentarse al aire libre para encontrarse con la naturaleza. En adelante, cuando alguien decía: «Vamos a meditar fuera», yo pensaba: «Hmmm, una habitación con una silla resulta agradable también».

Se lo conté a mi familia y ellos notaron cambios. Ellen se inició en la meditación seis meses después que yo. Como había dos Roth a quienes iba de maravilla, un mes después mis padres y mis hermanos Bill y Tom empezaron a meditar.

Ahora tengo la satisfacción de ver, en esas personas a quienes conozco y quiero de toda la vida, cómo la MT les ha hecho sentirse mejor, más felices, más ellos mismos. Mis padres siguieron meditando hasta su fallecimiento, y mi hermana y mis hermanos siguen haciéndolo décadas después. De hecho, Ellen, en la actualidad una abuela ama de casa, y Tom, que dirige una empresa de estudios de mercado y ayuda a llevar la meditación a personas con sida, estudió también para convertirse en profesor de meditación trascendental allá en los inicios de la década de 1970; y Bill, constructor de edificios ecológicos, lleva meditando regularmente desde 1970.

Al ver lo beneficiosa que era la MT para las personas que amaba, me di cuenta de que quería poder enseñar dicha meditación a los demás. En 1972 me enteré de que había un curso para formación de profesores con Maharishi en Mallorca, España. Era temporada baja allí, de enero a mayo, por lo que era posible encontrar un buen alojamiento por un módico precio. Maharishi nos instruyó, a mí y otros miles de personas, sobre cómo enseñar a la gente a meditar. Me encantaba oír los debates, que podían alargarse horas y horas, sobre las profundas conexiones entre una antigua ciencia de la consciencia y las ciencias modernas de la física cuántica, la neurociencia, la bioquímica y la psicología. Las conversaciones parecían intemporales, y eran abstractas y prácticas a un tiempo. Cuando me convertí en un profesor cualificado, volví al área de la bahía, donde enseñé MT en colegios locales, empresas y agencias gubernamentales.

Pero uno de los recuerdos más emotivos de aquella época fue enseñar a los guardianes y a los presos de la prisión de San Quintín. Pude volver allí por un Ángel del Infierno que cumplía condena en la prisión de Folsom State. Se llamaba Pat Corum, y era un asesino confeso. George Ellis, un buen amigo mío e instructor de meditación trascendental, había lanzado el programa MT en las cárceles a mediados de la década de 1970. Él fue a Folsom a enseñar a Pat, y le ayudó tanto que este Ángel del Infierno pasó de ser el contacto de las drogas en la cárcel a ser el contacto de la meditación. Pat pidió a George que enseñara a otros presos, y con los resultados que se obtuvieron allí, se planteó llevar el programa a San Quintín.

Se publicaron unos asombrosos estudios en los que se demostraba que había una disminución del 50 por ciento en los índices de reincidencia. Y si se tiene en cuenta que hasta el 80 por ciento de los delitos es de infractores reincidentes, es fácil ver el impacto potencial que la MT podía tener en un sobrecargado sistema de justicia penal.

¿Cómo era San Quintín a principios de la década de 1980? Si tenías que estar allí a las ocho de la tarde para una reunión, más te valía llegar a las seis porque se tardaban dos horas entre cacheos, detectores de metales y permisos firmados. Tenías que pasar tiempo sentado en viejas y vapuleadas sillas metálicas plegables en habitaciones con la pintura desconchada. Había que atravesar cuatro tremendos portones, y en cada uno debías firmar algo que más o menos decía: «Si le toman como rehén, la prisión no negociará su liberación».

Recuerdo una noche de 1981, en una sala de reuniones vacía y sin ventanas. Yo estaba allí para un curso de actualización con presos que ya habían aprendido a meditar. Había unos treinta hombres, la mayoría demasiado jóvenes o demasiado viejos para estar allí, sentados en sillas metálicas. Eran de razas distintas pero todos vestían idénticos pantalones vaqueros y camisas azules de trabajo. El guardián del grupo era un ministro baptista que también meditaba.

Después de la meditación, otro guardián, que había permanecido cerca observándolo todo, se acercó a mí. «Eso ha estado soberbio», dijo.

Pensé que estaba siendo sarcástico respecto a la meditación, pero en la cara no se le veía ninguna mueca.

«En ningún otro sitio de la prisión había visto a estos tipos en concreto sentarse todos juntos con los ojos cerrados —continuó—. Ni siquiera en el comedor. En ninguna parte».

Porque si cerrabas los ojos en San Quintín, según me explicó, podías terminar con un puñal en la espalda.

«¿Se da cuenta —preguntó— de que acaba de tener a la Hermandad Aria, a la Mafia Mexicana y a los Panteras Negras todos en la misma habitación?».

Llamamos a aquel programa de prisiones en San Quintín Libertad entre Rejas.

Momento de meditación
Desarrollar los intangibles
para lograr la grandeza

Tony Spinosa es director de Salud y Forma Física de la Universidad Nacional de Defensa de Washington, D. C., para miembros de las Fuerzas Armadas de Estados Unidos. La UND se estableció para preparar a líderes militares y civiles con el fin de prever y contrarrestar posibles amenazas de seguridad con un riguroso estudio de estrategia militar, compromiso global e investigación tecnológica.

Antes de incorporarse a la UND, Tony sirvió veinte años en el Ejército de Estados Unidos y se retiró con el grado de teniente coronel en 1999. Fue entrenador de fútbol americano de los estudiantes de primero de secundaria en West Springfield High School, en el norte de Virginia, y después fue contratado como entrenador de fortalecimiento muscular para el equipo de fútbol americano profesional Washington Redskins que dirigía Joe Gibbs. Unos años después aceptó la función directiva en la UND porque le permitiría, dijo, ampliar la definición de fitness o estado de forma para que incluyera el elemento mental o espiritual además de la preparación física.

El objetivo de Tony en la Universidad Nacional de Defensa es proporcionar las herramientas y técnicas para promover una salud y una forma física duraderas a sus estudiantes, la mayoría de los cuales están entre los cuarenta y los cincuenta años, y muchos de ellos llegarán a ser generales y almirantes del Ejército de Estados Unidos. Es además orientador del personal docente y administrativo.

Nosotros trabajamos tres aspectos del estado de forma. Lo primero es la dieta y el ejercicio. Trabajamos con individuos que tienen síndrome metabólico, colesterol alto y otros problemas de salud. Segundo, trabajamos en las áreas de rendimiento cognitivo, mejorando la memoria y la concentración. Y tercero, potenciamos el bienestar espiritual. Eso significa que nos ocupamos de los intangibles de quienes somos, de lo que nos impulsa a triunfar, de lo que nos mueve a lograr la grandeza.

Siempre quise introducir la meditación en el plan de estudios de la UND para potenciar las tres áreas de nuestro interés. Leí mucho sobre la ciencia de la meditación. Probé diferentes tipos de técnicas de *mindfulness* y meditaciones guiadas. Personalmente, no me parecieron fáciles, no conseguía apaciguar el cerebro ni calmar la mente. Entonces el año pasado mi cirujano torácico, el doctor Hassan Tetteh, me sugirió que probara la meditación trascendental. Así que empecé y me pareció increíblemente fácil de aprender y practicar. Me ha beneficiado ya en muchos sentidos. Soy capaz de concentrarme mucho mejor, pensar con más claridad, y tengo menos ansiedad; no me estreso en situaciones y circunstancias que antes me molestaban.

Antes de ofrecer MT a mis estudiantes estaba seguro de que habría algo de escepticismo, cierta resistencia. Fue todo lo contrario. Me sorprendió ver que muchos ya tenían una base y estaban abiertos. De los seiscientos universitarios de posgrado, más de cien aprendieron MT en las primeras semanas del nuevo año escolar, y ahora hay una considerable lista de espera de los que quieren empezar también.

Lo que valoro de la MT es que sosiega y rejuvenece una parte de mi cerebro que generalmente nunca descansa. La meditación de la mañana me prepara para la jornada y la meditación de la tarde me quita de la cabeza y el cuerpo el estrés del día. Mi mujer ha aprendido también y meditamos juntos siempre que podemos.

Me encanta enseñar a la gente a meditar, a todo tipo de personas, pero trabajar con niños ha sido siempre algo especial para mí. Porque, volviendo a mis raíces, si queremos hacer un mundo mejor, hay que empezar con los jóvenes. Conocí a alguien con ideas afines en 2004. Era el gran cineasta, pintor, músico, carpintero, escultor y practicante de MT durante mucho tiempo David Lynch, de quien he hablado anteriormente. Nos hicimos muy amigos, como hermanos, primero trabajando juntos en un proyecto para construir un gran centro de meditación en Los Ángeles. Unos meses después hablé con David y el doctor John Hagelin, licenciado en física cuántica en Harvard, que dirige el movimiento de meditación trascendental en Estados Unidos, de mi anhelado deseo de llevar la meditación trascendental a los jóvenes.

«Hagamos una fundación», dije.

«Buena idea», estuvieron de acuerdo David y John.

«Debería llevar tu nombre, David», dije yo.

«De acuerdo», respondió él.

«¿Puedo enviar un comunicado de prensa para anunciar la Fundación David Lynch?».

«Claro», dijo, pensando probablemente que todo quedaría en agua de borrajas.

Las principales agencias de noticias se hicieron eco del comunicado de prensa, y en pocos días empezaron a aparecer noticias sobre la Fundación David Lynch en miles de periódicos de todo el mundo.

Fue así de sencillo. Sin mucha planificación. Nada de un plan de negocio de cinco años. Ni siquiera teníamos dinero. Solo un genuino deseo compartido de hacer algo bueno para el mundo. Y han salido de ella muchas cosas buenas, gracias en gran parte al verdadero genio de David, a su extraordinaria creatividad, su convicción y energía.

La fundación de David nació el 21 de julio de 2005, con el pleno apoyo del doctor Hagelin y el movimiento de MT, una organización sin ánimo de lucro que forma a instructores cualificados para enseñar los cursos y los cuales administran más de ciento cincuenta centros de MT en todo el país. En los primeros años ofrecimos la meditación a todo colegio u organización que lo solicitara. De manera que si un colegio para adolescentes nativos americanos de una reserva pobre de las afueras de Lincoln, Nebraska, quería un curso, nosotros recaudábamos el dinero para pagarlo. O si había alguna cárcel dispuesta a dejarnos entrar, buscaríamos la manera de financiarlo. Y así con colegios de barrio en zonas castigadas por la delincuencia, centros de acogida para mujeres, organizaciones de servicios para los veteranos de guerra, y clínicas para el tratamiento del sida en Estados Unidos y en el extranjero.

En abril de 2009 la Fundación David Lynch acogió nuestro primer concierto benéfico en el Radio City Music Hall de Nueva York, con Paul McCartney y Ringo Starr, además de Donovan, Mike Love de los Beach Boys, Jerry Seinfeld, Howard Stern y muchos otros. Nuestro objetivo: recaudar fondos para enseñar a meditar a un millón de jóvenes vulnerables de todo el mundo.

Estábamos seguros de que el anuncio se recibiría con actitud positiva y festiva entre la filantrópica comunidad de Nueva York. Nos equivocamos. Las quejas no dejaban de llegar a nuestras oficinas: «¿Por qué Paul y Ringo van a perder el tiempo actuando en pro de la meditación?». El concierto se celebró justo después del desplome financiero de 2008, y el sentimiento entre mucha gente de Nueva York era que, con la escasez de dólares para proyectos filantrópicos, ¿por qué despilfarrarlos en algo tan frívolo como la meditación para niños? ¿Qué tal si se recaudaban fondos para construir más escuelas, curar la malaria y acabar con la pobreza? Todas ellas sinceras preguntas que exigían respuestas. En aquel momento estábamos trabajando con una mujer maravillosa, Debbie Fife, que había organizado eventos benéficos en la ciudad de Nueva York durante veinte años. Ella nos dijo que para que tuviéramos éxito tendríamos que demostrar que la Fundación David Lynch era una «organización benéfica de supervivencia»: que abordábamos un asunto de vida o muerte que merecía apoyo público y financiación privada.

Hay infinidad de asociaciones benéficas de supervivencia que hacen un trabajo increíblemente valioso luchando contra las epidemias del cáncer, las enfermedades coronarias, la fibrosis quística, el sida, etc. Lo que se echaba en falta, pensaba yo, era una asociación que abordara en exclusiva y con conocimientos especializados la crisis del estrés tóxico y el trauma entre las poblaciones vulnerables y en peligro.

Seguimos el consejo de Debbie Fife. Durante varios años, organizamos una serie de conferencias nacionales de ciencia —dirigidas por investigadores destacados, médicos, educadores y responsables políticos— para mostrar los efectos perjudiciales de los traumas en el cerebro y en la conducta, así como las décadas de investigación y experiencia clínica utilizando la MT para abordar esta terrible epidemia. Ocho años después, y con el creciente reconocimiento de los horrores de los traumas y los excepcionales beneficios de la meditación trascendental, hay una gran demanda de nuestros cursos en colegios públicos y privados, en bases militares y en cárceles, en centros de acogida para mujeres y en clínicas para el tratamiento del sida. Sí, a veces se nos recibe con algo de escepticismo, pero en comparación con cómo era apenas hace cinco años, hay poca vacilación o duda. Menos mal.

Todos los días leo en los periódicos que la salud mental está cada vez más en la primera línea del debate nacional, y con razón. El tema que todos evitan mencionar es que nadie sabe qué hacer al respecto. ¿Medicamos a todos los niños que son acosadores o víctimas de ellos? ¿Seguimos dando cócteles de pastillas a los veteranos con estrés postraumático? Aunque la medicación es útil para algunos, muchos veteranos no están conformes; a muchos no les gusta el adormecimiento y la desorientación que a menudo sienten cuando están medicados, y por ello se niegan a tomar las medicinas. Quizá quieran algo mejor.

Momento de meditación
Batería cargada al cien por cien

Katy Perry ha vendido tropecientos álbumes (más o menos) y ganado infinidad de premios por su música, es la primera persona en el mundo en tener cien millones de seguidores en Twitter, y ha estado en lo más alto del universo del pop durante más de diez años, un siglo en años humanos normales. Enseñé a Katy a meditar en 2010 cuando estuvo en la India con el actor de comedia Russell Brand, para casarse. (El matrimonio no duró, pero la meditación sí). Es una mujer auténtica y muy generosa. Recientemente Katy me invitó a su canal de YouTube, que llega a más de cuarenta y nueve millones de personas. Katy llama a su práctica de MT su «punto de inflexión», ese que le permite dar lo mejor de sí misma en todas las situaciones, independientemente de lo agitadas y exigentes que sean.

Básicamente, la MT es el descanso más profundo que tengo. Sueño mucho cuando duermo, y eso quiere decir que no descanso todo lo que necesito. El descanso es muy importante para mí y mi voz, porque funciono mejor cuando no estoy cansada. Así que medito antes de una función, lo cual me ayuda mucho. Se diría que voy a quedarme dormida, pero lo que hace es llenarme de energía.

En la Semana de la Moda de París salía todas las noches con mis amigos, y luego tenía que levantarme pronto para los desfiles. Para el segundo desfile, ya estaba como un zombie. Medité, y mis amigos pensaron que el cambio que se operó en mí era desternillante. Como si fuera Mary Poppins: «¡Aquí estoy! ¡Completamente despierta!». Se quedaron en plan: «¡Vaya, yo quiero aprender eso!».

Y les digo: «¡Hacedlo!». La enseñanza de la MT es mi regalo favorito porque sería una pena no compartirlo con las personas que sufren. Veo cómo les cambia la vida, y veo la paz y la alegría que les reporta. Tengo un amigo con trastorno de estrés postraumático que por fin puede dormir toda la noche.

Pero no es solo para la gente que tiene problemas específicos como ese. Todo el mundo puede utilizarlo. Vivimos en un mundo en el que el tiempo personal se ha quedado obsoleto. Nos vamos a la cama con el teléfono delante de la cara. Ya no dejamos descansar a nuestro cerebro, que es tan importante para la creatividad, sea cual sea tu trabajo. Es necesario «instalar» una práctica que ayude a la mente a reiniciarse, como hacen los teléfonos a veces. «Tienes dieciséis aplicaciones abiertas, y me voy a apagar». De la misma manera, solo necesitamos desconectar durante veinte minutos dos veces al día para estar bien.

Cuando medito, siento físicamente un halo alrededor de la cabeza, iluminando, barriendo las telarañas, una a una, de mi cerebro. Los pensamientos vienen y van, y tardaré cinco minutos en alcanzar esa quietud. Voy a ese increíble lugar donde no pienso en nada. Y sí, estoy despierta. Es una locura, porque siento que estoy aprovechando el cerebro al máximo en ese momento. Juro que noto cómo se me abren circuitos neuronales. Creativamente, saco pensamientos e ideas que quizá estaban enterrados en el fondo. Se morían por salir, pero estaban cubiertos del polvo del estrés y la fatiga.

Ese efecto dura más allá de los veinte minutos, y lo veo en mi nivel de rendimiento. Necesito ser capaz de vivir con plenas capacidades, y la MT me mantiene las baterías cargadas al cien por cien.

El programa Quiet Time [Tiempo de descanso], conocido también como Educación Basada en la Consciencia, es el buque insignia de la Fundación David Lynch desde su creación en 2005. Durante dos periodos de quince minutos dos veces al día, todos los días lectivos, todo el colegio se queda en silencio. En ese tiempo los estudiantes pueden optar por meditar o por hacer algo llamado «lectura silenciosa y sostenida», e incluso pueden dormir una siesta. Con el ánimo y el permiso de los padres, la mayoría de los niños eligen meditar. El objetivo de Quiet Time es ofrecer un descanso, dos veces al día, dedicado no a meterles más datos y números en esos cerebros en desarrollo, sino a reducir el estrés y prepararlos para aprender. Y funciona, como lo prueba el éxito de los programas de Quiet Time en cientos de colegios públicos, subvencionados y privados en todo Estados Unidos y en el mundo. Sí, Quiet Time reduce el estrés y ayuda a los jóvenes a mantenerse apartados de las drogas y los líos. Pero, además, espabila el cerebro de esos jóvenes, fomenta la preparación para el aprendizaje, y crea un ambiente óptimo en el que los estudiantes pueden desarrollar su potencial creativo, asimilar conocimientos, mejorar sus logros académicos y dar lo mejor de sí mismos.

El doctor George Rutherford fue el primero en ver el valor de Quiet Time. «Doc», como le llaman todos, roza ya la ochentena. Ha sido director de un colegio público y profesor durante más de cuarenta y tres años, dirigiendo colegios de enseñanza intermedia e institutos en algunas de las zonas más duras y azotadas por la delincuencia de Washington, D. C. No va a retirarse, dice que no puede hacerlo. Le encanta la docencia y adora a los niños. Doc es ahora el director de la Ideal Academy Public Charter School, donde ha establecido el programa Quiet Time para todos los estudiantes, profesores y personal administrativo.

Cuando conocí a Doc en 1994, era director del Fletcher-Johnson Learning Center, un instituto público en el District's Ward 8, donde los índices de asesinatos eran de los más altos y donde Doc sostenía en sus brazos a estudiantes con heridas de bala. Doc fue el primer director de colegio público en instaurar en Estados Unidos el programa Quite Time en todo el colegio. En aquel momento le pregunté a Doc por qué lo había hecho. Él explicó que unos meses antes había visitado las instalaciones de un pequeño e increíble colegio privado de Fairfield, en Iowa, «en mitad de la nada», dijo. Lo que vio en el colegio Maharishi fue a centenares de niños, desde el jardín de infancia hasta el último año de secundaria, asistir a clases de Educación Basada en la Consciencia, con la MT en el corazón de un plan de estudios por lo demás tradicional. Y mientras los niños aprendían un montón y sobresalían en las calificaciones de las pruebas académicas y en las competiciones deportivas, en lo que sobre todo se fijó Doc fue en que eran felices. «Eso es lo que vi: niños felices —dijo Doc—. Y yo quería que mis niños de Fletcher-Johnson fueran tan felices como aquellos». Ahora el programa Quiet Time que Doc ayudó a poner en marcha en Fletcher-Johnson ha sido incorporado en cientos de escuelas con centenares de miles de niños en todo el mundo.

Recuerdo la primera vez que visité el colegio de enseñanza media Visitación Valley de San Francisco. Durante mucho tiempo, había sido una de las escuelas con peores resultados académicos de la ciudad. Pero ahora tiene una gran ventaja: el director Jim Dierke, un tipo corpulento con bigote y cincuenta y tantos años. No encajaba en el estereotipo de educador que ve el potencial de la meditación en los colegios.

Pero él, también, adoraba a sus chicos. Y quería elevar el logro académico y fomentar un sentido de bienestar para los estudiantes que vivían en ambientes muy estresados. Lo había intentado todo para combatir la baja asistencia, la violencia y el bajo rendimiento.

Trabajando con el Center for Wellness and Achievement in Education, una organización sin ánimo de lucro afín a la Fundación David Lynch, Jim empezó un programa de Quiet Time utilizando la MT. Comenzó con un grupo de niños de octavo de primaria. Comparados con otros niños del mismo curso a quienes se ofreció una Educación Basada en la Consciencia, las expulsiones de estudiantes de Quiet Time disminuyeron en un 45 por ciento, y las calificaciones de los exámenes subieron significativamente en relación con los demás. Una vez que Quiet Time se instauró en todo el colegio, en cuatro años el índice de expulsiones estaba entre los más bajos de la ciudad. En 2014 los estudiantes de Visitación Valley participaron en la encuesta de salud social y emocional Happy Kids. Se les pidió que se puntuaran a sí mismos con preguntas como: «¿Con cuánta energía te sientes ahora mismo?» y «Desde ayer, ¿cuántas veces te has sentido agradecido?». A pesar de todos los problemas existentes al otro lado de los muros del colegio, Visitación Valley obtuvo la mejor puntuación en felicidad de todos los colegios de San Francisco. Mejor que la de las escuelas más acomodadas, donde los niños tienen todas las ventajas. Ahora Jim está retirado, pero logró su deseo para Visitación Valley: niños felices a quienes se les brinda la oportunidad de desarrollar sus capacidades al máximo.

Joshua Aronson, psicólogo de la Universidad de Nueva York y coautor de *El animal social*, estudia las fuerzas sociales que determinan el éxito académico, desde cómo la pobreza y los prejuicios minan la confianza y el aprendizaje de los estudiantes y las chicas pertenecientes a minorías hasta los efectos de la mentalidad de los estudiantes en su promedio de calificaciones. Joshua adquirió renombre por desarrollar intervenciones que potencian el rendimiento escolar, pero me contó que una visita a Visitación Valley le hizo dar un giro hacia el estudio del impacto de la meditación en las escuelas. «Tenía que hacerlo, era demasiado importante para no prestarle atención», dijo Joshua.

«Vi a niños que eran perceptiblemente más amables y pacíficos unos con otros como resultado del programa Quiet Time. Escuché a críos de once años hablar razonadamente y con claridad de sus sentimientos. Percibí una sensación de calma, apoyo y humanidad que emanaba de esa clase de "chicos de barrios marginales", de aspecto rudo, que asustan fácilmente si los vemos por la calle. Los colegios sacan lo peor de los niños, pero Quiet Time saca lo mejor —me contó Joshua—. Simplemente es la intervención más respetuosa, eficaz y enriquecedora que jamás he visto. Después de un corto periodo de tiempo, notas que los niños son más inteligentes, amables y felices».

Quiet Time funciona, y los datos continúan corroborándolo. Los estudios muestran un muy significativo aumento del 10 por ciento en las calificaciones académicas. Eso fue así en un estudio de ciento ochenta y nueve estudiantes de enseñanza media que estaban por debajo de los niveles básicos de competencia en matemáticas e inglés según las pruebas estandarizadas de California. La MT se enseñaba y practicaba en la escuela a la vez que se continuaba con el plan de estudios y la enseñanza estándar del colegio. En tres meses los estudiantes mejoraron al menos en un grado de rendimiento en matemáticas e inglés comparados con los controles.[5]

En otro estudio, cuarenta y cinco estudiantes afroamericanos de edades comprendidas entre los quince y los dieciocho años fueron asignados al azar a un grupo de meditación trascendental o a un grupo control de educación sobre salud. El grupo de meditación realizó la práctica en sesiones de quince minutos en casa y en el colegio todos los días durante cuatro meses. El grupo control recibió sesiones de quince minutos de educación sobre salud en el colegio todos los días durante cuatro meses. Los resultados fueron patentes incluso antes del siguiente examen académico: se produjo una obvia y significativa reducción en comportamientos escolares negativos, con una disminución del absentismo, de las infracciones de las normas escolares y de los días de expulsión.[6]

Naturalmente, Quiet Time ayuda a los profesores también. No hay más que ver un estudio reciente de cuarenta profesores de secundaria y personal de apoyo del colegio Bennington, de Vermont, un centro terapéutico para niños con problemas de conducta. Al cabo de cuatro meses, los docentes y el personal administrativo mostraban significativas reducciones del estrés y el agotamiento.[7]

Asimismo, los educadores recuerdan por qué querían ser educadores, en primer lugar. Educadores como Michael Barakat. Conocí a Michael hace unos años cuando moderé una mesa redonda sobre el programa Quiet Time para doscientos directores de colegio y otros administradores en Nueva York. Después, me quedé por si había preguntas, cuando este hombre alto de aspecto joven y unos treinta y cinco años se me acercó.

«Nosotros vamos a hacerlo», dijo.

Como estábamos en el turno de preguntas y respuestas, yo esperaba que surgieran dudas o inquietudes. «Ah, estupendo, dije. Me alegra que le interese».

«No, no. Me está malinterpretando. Nosotros vamos a hacerlo. ¿Cuáles son los siguientes pasos?», me preguntó.

Nunca debería haber subestimado a Michael Barakat, director de Bronx High School for Law and Community Service. Después averigüé que empezó allí de director en 2010, haciéndose cargo de una escuela con un nivel elevadísimo de fracaso escolar. En cuatro años solo se graduaron el 47 por ciento de los estudiantes. «Estaba muy claro que si no dábamos un vuelco a la escuela, la cerrarían», me dijo el director Barakat.

El director Barakat es un hombre centrado en la consecución de logros y el análisis de datos. Lo primero que hizo fue lo lógico: se fijó en lo académico. «Dije: "Si pudiera cambiar el nombre del colegio y llamarlo Lectura, Escritura y Aritmética, lo haría" —recordó—. Fue un primer año muy duro, pero los estudiantes no se graduaban. Y eso es lo que se supone que deben hacer en un instituto: graduarse».

El primer año reorganizó el sistema, y para 2015 había elevado la tasa de graduación de un 47 a un 73 por ciento, incluso antes de implementar Quiet Time. «Tengo a muchos estudiantes sudando tinta —dijo— para hacer todo lo que esté en sus manos para lograr los objetivos cada vez mayores que se les propone».

Y lo están haciendo al tiempo que se enfrentan a problemas en casa. «Mi escuela es en más del 85 por ciento un centro de Grado 1, lo que significa que los estudiantes reciben almuerzo gratis o reducido porque los ingresos familiares están por debajo del nivel de la pobreza —afirmó—. Por lo que tienen una serie de desventajas socioeconómicas».

El director Barakat dice que cuando oyó hablar de Quiet Time, supo que al menos merecía una oportunidad. Antes de llevar el programa a su escuela, propuso a los profesores que se votara. «Quería una mayoría —dijo—. Para que funcionara, teníamos que reducir el tiempo del almuerzo de los alumnos de cincuenta a treinta y cinco minutos todos los días, y descontar cinco minutos de cada clase para alcanzar la meta de dieciocho minutos de Quiet Time por la mañana antes de la segunda clase y dieciocho minutos después de la sexta». (Hay nueve clases al día en el Bronx High School for Law and Community Service).

Algunos profesores expresaron la preocupación de que un horario de clases más comprimido conduciría a un rendimiento escolar más bajo. «En esta época de pruebas estandarizadas y responsabilidad docente —dijo—, es comprensible». Él negoció el cambio de horario con el sindicato de profesores. Barakat estaba entusiasmado con el acontecimiento, pero se temía lo que él llamaba «la pesadilla de las relaciones públicas», cuando tuviera que presentárselo a estudiantes y padres. Lo que sucedió fue toda una sorpresa.

«De los cuatrocientos veinte alumnos del colegio, solo hubo diferencias con los padres de dos —dijo—. Así que propusimos la alternativa de que esos dos estudiantes ayudaran en la oficina principal durante esos minutos de Quiet Time».

El programa empezó el primer día de colegio de septiembre de 2015, y él observó el proceso de implantación muy de cerca. «Mi principal pregunta era: por los cinco minutos que restábamos a cada clase para hacer aquello realidad, ¿ganábamos diez minutos de atención? ¿Ganábamos diez minutos de capacidad para que los estudiantes nos *escucharan?*».

Pareció funcionar enseguida. «Es gracioso porque nos devanábamos los sesos pensando qué parámetros utilizaríamos para determinar el éxito o el fracaso del proyecto —explicó el director Barakat—. Dado que la meditación trascendental es una experiencia cualitativa, ¿cómo podríamos cuantificarla?».

Una profesora veterana hizo una observación: «Los estudiantes ya no se quedan dormidos en clase. Yo siempre tengo que decirles a los alumnos, sobre todo hacia el final de la jornada: "Vamos, no os durmáis, aguantad un poco más"».

Los profesores se dieron cuenta de que todos habían notado esa diferencia. Los estudiantes mostraban la «atención descansada», que es el sello distintivo de la MT. Más significativamente, los profesores pronto vieron mejores calificaciones y, cuando ya casi llevaban un año con el programa Quiet Time, un aumento en la tasa de graduación. «Nuestra tasa aumentó cinco puntos, y ahora está por encima del 78 por ciento —me contó Barakat con merecido orgullo—. La media de toda la ciudad y la de todo el estado fluctúan, pero están siempre en algún punto por debajo del 65 por ciento. Para mí, ese es el parámetro fundamental, porque es la culminación de *to-*

dos nuestros otros parámetros. Todo va a las tasas de graduación».

Estaba también lo que oía en privado a los estudiantes. El director siempre había tenido una escuela segura con buenos chicos, pero él sabía que tenían conflictos en casa. «Alguien me dijo que un día estuvo a punto de pelearse con su madre y que en vez de eso decidió meditar», me contó Barakat.

Como en otras escuelas con Quiet Time en todo el país, el cuerpo docente de Bronx High School for Law and Community Service pareció beneficiarse al mismo tiempo que los chavales. Cuando vino el inspector de Educación, como dijo el director Barakat, para llevar a cabo la típica inspección detallada, la gente no estaba tan nerviosa ni tan asustada como lo habían estado en el pasado. Estaba confiada y con ganas de hablar del colegio. «La exigencia no había desaparecido —dijo—, pero el pánico por intentar hacer algo que puede parecer matemáticamente imposible dados los presupuestos y las expectativas, ese sí que ha desaparecido. Esa diferencia es palpable».

El director Barakat ve potencial para ayudar a jóvenes de todos los niveles socioeconómicos. «He hablado con colegas de la otra cara de la moneda, y también hay una tremenda presión sobre los estudiantes procedentes de lo que llamaríamos origen acomodado —dijo—. Así que de ninguna manera estoy diciendo que solo los estudiantes pobres y con poca presencia necesitan meditar. Muy al contrario. Creo que estamos haciendo un flaco favor a nuestros estudiantes de primaria y secundaria ciñéndonos a un plan de estudios hermético que no enseña destrezas para la vida. Y yo considero la meditación trascendental una destreza básica para la vida».

Los laboratorios para abordar los problemas de la delincuencia y la educación urbana de la Universidad de Chicago (The University of Chicago Crime and Urban Education Labs) están tratando de resolver la epidemia de la violencia juvenil. Todos los años, aproximadamente cincuenta mil personas son asesinadas en el mundo, y mientras que las tasas de mortalidad por casi cualquier otra causa principal de muerte han descendido drásticamente en el último siglo, la tasa actual de homicidios en Estados Unidos es más o menos la misma que en 1900. Los Crime Labs utilizan la ciencia —aprovechando el poder de la información administrativa a través de estudios aleatorizados y controlados— para hallar formas innovadoras y eficaces de reducir la violencia. Estos estudios ayudan a informar a los responsables políticos, profesores, patrocinadores y profesionales de lo que funciona, para quién y por qué, de manera que cada dólar invertido en combatir la violencia se gaste con acierto.

En su búsqueda de soluciones, en 2015 el Crime Lab presentó una solicitud de propuestas de ideas y programas innovadores para reducir la violencia juvenil a través de un concurso de ideas.

«Es como obtenemos las mejores ideas —dice John Wolf, director principal del programa de Crime Lab—. Preguntamos a personas que están en primera línea, que están haciendo el trabajo, ¿cuáles son las *mejores* ideas para atajar este problema?».

Más de doscientas veinte organizaciones compitieron por la financiación, incluida la Fundación David Lynch. El Crime Lab, la Fundación de la Familia Pritzker Pucker y la Fundación MacArthur seleccionaron a la Fundación David Lynch como una de las tres ganadoras, y premiaron a la oficina de esta fundación en Chicago con trescientos mil dólares para estudiar los efectos de Quiet Time en dos escuelas públicas de barrios deprimidos de Chicago.

«Me invadió cierto escepticismo cuando vimos inicialmente el programa —me dijo John Wolf—. ¿Vamos a conseguir que estudiantes de instituto hagan eso? ¿De verdad van a querer hacer eso todos los días? Sabíamos que había información prometedora de otros colegios de San Francisco, pero en el fondo se pensaba: "Vale, eso es en

San Francisco...". Pero ¿podría ser eficaz en Chicago? Decidimos dar un año a la Fundación David Lynch para que nos lo demostrara».

El sistema de colegios públicos de Chicago ayudó a Crime Lab a elegir los dos colegios para el programa piloto. En el momento del primer informe preliminar en diciembre de 2015, el programa había sido implementado en los centros Amundsen High y Gage Park High. Y los resultados ya se dejaban ver. En Gage Park, una abrumadora mayoría de estudiantes que practicaba MT dijeron sentirse menos estresados y más calmados. Y en Amundsen, casi todos los estudiantes que meditaban manifestaron sentir menos estrés y menos ansiedad y tener mejores hábitos de sueño. Dijeron también que eran más capaces de lidiar con las presiones del volumen de las tareas escolares.

«Al cabo de un año del programa, entrevistamos a estudiantes y hablamos con profesores y administrativos —continuó John Wolf—. El entusiasmo del personal administrativo de Gage Park y de Amundsen, así como sus afirmaciones de que el comportamiento de los alumnos del programa había mejorado, es prometedor». El proyecto de investigación integral podrá determinar si los cambios positivos que los administrativos atribuyen a Quiet Time se deben al programa.

El programa ha recibido elogiosos informes. Un colegio en particular escogió a un grupo de estudiantes, que siempre habían tenido muchos problemas de salud mental, debido a la trayectoria académica en la que se encuentran y a las presiones que afrontan. El colegio notificó que ya no había ningún informe oficial de salud mental referido al grupo de sesenta estudiantes del programa.

Después de reunir toda la información del programa piloto, el Crime Lab incrementó la beca en casi un millón de dólares en 2016 para que el programa pudiera ofrecerse en más colegios públicos, esta vez también en algunas de las zonas más problemáticas de la ciudad. Los tres colegios elegidos por el sistema de colegios públicos de Chicago y el Crime Lab están en el sur y el oeste de la ciudad, desde siempre las áreas más desfavorecidas y violentas.

El estudio tiene clases escolares aleatorias en las que los estudiantes de la clase, o bien meditan, o bien no meditan pero hacen otra actividad en silencio. El Crime Lab está comparando los resultados de los dos grupos en relación con la asistencia, las expulsiones, las notas, las calificaciones en pruebas estandarizadas y las detenciones.

John Wolf me dijo que en los grupos de debate conducidos en ambas escuelas piloto, los estudiantes manifestaron beneficios en cuatro áreas principales: (1) sueño, (2) conciencia y control de sí mismos, (3) capacidad de concentración y (4) estado de ánimo, y añadieron que se sintieron más tranquilos y más capaces de lidiar con el estrés tanto dentro como fuera del colegio. Este estudio confirmó que el programa podía implementarse con fidelidad, y sugirió esperanzadoras vías por las que la meditación influye en la salud de los estudiantes.

John dijo que los datos le parecen tan prometedores que Crime Lab está trabajando para conseguir fondos adicionales con el fin de llevar Quiet Time a varios miles de estudiantes más en Chicago, así como en colegios públicos de Nueva York en los próximos años.

Russell Simmons es empresario, productor, cofundador del sello musical de *hip-hop* Def Jam Recordings, y uno de los primeros y más decididos partidarios del programa Quiet Time. Recientemente estuve con Russell en Chicago cuando se dirigió a quinientos estudiantes de secundaria en el instituto Julian High School, en Washington Heights, zona con altos niveles de delincuencia. Russell conectó con los chicos inmediatamente. «No hay aprendizaje en una mente ruidosa y no hay felicidad en una mente ruidosa —dijo Russell a los estudiantes—. Solo se puede aprender con una mente en calma, solo con una mente en calma se puede ser verdaderamente feliz. Quiero que aprendáis a meditar para que podáis gozar de salud, felicidad y una vida llena de éxitos».

Si me he extendido con datos sobre Quiet Time es porque me entusiasman los resultados. Pero hay una historia que es más impactante que todas las estadísticas. Hace unos años recibí una llamada de Ben, un profesor de secundaria en un instituto urbano de un barrio conflictivo. El centro había empezado recientemente un programa de Quiet Time, que ofrecía MT a todos los estudiantes, docentes y personal administrativo que lo quisieran. Ben quería hablarme de uno de sus estudiantes, una alumna a la que yo llamaré Charlene.

En el instituto de Ben, todos los alumnos tienen que estar en su sitio antes de que suene la campana de la primera clase para meditar. Si los estudiantes llegan tarde, tienen que meditar en el pasillo. No está mal, claro, pero a los chavales les gusta meditar juntos.

«Habían pasado tres minutos desde que había sonado la campana, cuando Charlene irrumpió en clase», dijo Ben.

Se sentó de golpe en su pupitre, y Ben esperó un momento antes de dirigirse suavemente a ella.

«Le dije que había sonado la campana y que tendría que hacer la meditación en el pasillo», contó él. Cuando Charlene se levantó para salir, Ben se dio cuenta de que tenía el vestido salpicado de pintura roja. Le dije también que teníamos que llamar a su madre y pedirle ropa para que se cambiara, y se echó a llorar.

«Es sangre», dijo ella, entre sollozos.

Charlene se encontraba al lado de su tío en la parada del autobús, cerca de la escuela; cuando se produjo un tiroteo y le alcanzó una bala desde un vehículo. Era la sangre de su tío la que tenía en el vestido. Aterrorizada como estaba, no veía un lugar seguro adonde correr..., excepto la escuela, donde podría meditar. La escuela era el único refugio que le daba seguridad. No su casa ni la casa de una amiga, sino la escuela. Las escuelas, convertidas en terreno abonado para las drogas, la violencia y la delincuencia, se han transformado gracias a Quiet Time.

Momento de meditación
Un flujo de consciencia paralelo

Russell Brand había sido adicto a la heroína durante más de catorce años, pero llevaba cinco sin drogas ni alcohol cuando yo le conocí. Estaba haciendo un documental sobre su vida y le interesaba aprender a meditar como parte del proyecto. Se lo conté a una amiga y ella me dijo: «Ten cuidado. Es un tipo muy divertido, pero no sé si se te tomará en serio».

Russell se alojaba en el hotel Soho House, de Nueva York. Nos encontramos en el restaurante. Él es fácil de localizar, así que le hice un gesto en el aire con la mano, se acercó y puso la cara a unos diez centímetros de la mía, mirándome directamente a los ojos.

«¿Vas a enseñarme meditación trascendental?».

«Depende de si tienes tiempo», le respondí.

El semblante se le suavizó y daba la impresión de que estaba verdaderamente abierto y preparado.

«He pasado toda mi vida buscando la experiencia de la atemporalidad —dijo—. Tengo todo el tiempo que quieras».

Le enseñé a meditar unas dos semanas después, y seguimos siendo buenos amigos desde entonces. Esto fue hace casi siete años.

La idea de la meditación era estimulante porque tuve esta reacción inicial, la cual considero ahora bastante tópica: «No sé si seré capaz de meditar porque tengo la mente muy ocupada, estoy siempre pensando». Pero actualmente es parte de mi vida. No puedo decir que nunca haya faltado a una sesión, pero se me ha dado bien y se ha convertido en parte de mi identidad.

Podría argumentar que incluso la adicción tal como yo la tenía era una forma propia de búsqueda espiritual. Fue una sensación de enfermedad, inquietud e insatisfacción lo que me llevó a la dependencia. Desde que medito con regularidad, ha cambiado el modo en que veo el mundo y lo que quiero para mí mismo. Tengo que ser siempre consciente y señalar que no se trata de: «Bueno, yo era aquel chiflado drogadicto y mujeriego, y ahora me paso la vida sentado, envuelto en una manta, mirando un lago frío y tranquilo y pensando en las letras de George Harrison». No es así. Todavía tengo deseos. Miedo. Lujuria. La carne es fundamental en mi humanidad, pero lo que ha ocurrido es que una faceta desatendida de mi personalidad se ha despertado y cultivado por medio de esta práctica de meditación.

La meditación es para mí un continuo flujo paralelo de consciencia, siempre presente, habitualmente inadvertido, en el que me gusta sumergirme en cualquier momento.

A menudo me entretengo con la ilusión y el autoengaño: «Es fantástico tomar drogas», «Yo me merezco ser famoso» o «El sexo y el dinero son estupendos». Pero bajo esas distracciones transitorias y sensoriales, sigue fluyendo la corriente sin fin. Como el espacio, como el tiempo, mal entendida debido a su naturaleza ilimitada.

Sin meditación, somos peores que los simios. Simios que hablan y se dan cuenta de su condición de tales. No hay suficientes plátanos en el mundo para hacer frente a eso.

Debo añadir aquí una nota personal, y es que Russell, igual que los otros artistas y similares que he incluido en estas páginas, ha sido extraordinariamente generoso con su tiempo y sus recursos. Russell colabora con la Fundación David Lynch para llevar la meditación a adultos y adolescentes que luchan contra trastornos de todo tipo por el consumo de drogas. Está ayudando a salvar vidas.

Me enorgullece ser ambicioso con nuestro trabajo. Creía que siempre lo había sido, pero en un cierto momento me di cuenta de que era necesario serlo mucho más.

Hace un par de años me reuní con los líderes sociales del municipio de Newark (Nueva Jersey) con el fin de impulsar un protocolo de investigación para los colegios públicos que proporcionasen Quiet Time (QT) a todos los alumnos, profesores, directores y padres de la ciudad que quisieran aprender. La experiencia serviría para averiguar la repercusión del QT en el estrés, la salud, el comportamiento y el rendimiento académico, así como en el síndrome de agotamiento del profesorado, el absentismo y los costes sanitarios del distrito escolar. Rematamos el plan y fuimos a hablar con Richard, que era directivo de un fondo de cobertura en Midtown Manhattan, acerca de alguna posible ayuda financiera. Lleno de orgullo, le planté sobre la mesa el voluminoso proyecto y le conté que teníamos un plan para afrontar el nocivo impacto de los traumas y el estrés en la enseñanza en Newark. Echó un vistazo a la página del título, con «Newark» impreso en letras grandes en la parte superior, y puso los papeles a un lado.

«¿Usted piensa que los traumas son un problema importante de salud entre los jóvenes?», preguntó Richard.

«Sí», dije.

«¿Y cree que QT puede ayudar a combatir ese problema?».

«Pues sí, así lo creo —respondí con toda la cortesía que pude, para disimular mi impaciencia—; esa es la razón del proyecto».

«Entonces ¿por qué se plantea las cosas a pequeña escala? ¿Por qué un plan solo para los chicos de Newark? ¿Por qué no piensa en todos los de América..., bueno, en los de todo el mundo? Si usted hubiera venido a mí hace setenta años con una idea para curar la poliomielitis infantil, ¿me habría mostrado una propuesta que sirviera solo para los niños de Newark? Por supuesto que no. Vuelva con un proyecto más amplio».

Naturalmente, tenía razón. Cuando aparece un nuevo medicamento con probada eficacia para tratar una epidemia terrible, la estrategia para darlo a conocer es global, nunca se limita a una localidad solamente.

Durante los diez primeros años de la Fundación David Lynch, nos centramos en llevar a cabo proyectos y evaluar los resultados cuando se había aplicado la meditación trascendental en escuelas, organizaciones de ayuda a los veteranos de guerra, centros de acogida para mujeres, programas de tratamiento de trastornos por consumo de estupefacientes, centros de protección de menores, clínicas para enfermos de sida, así como en empresas de la lista Fortune 100, equipos de deportistas profesionales, bases militares y otras organizaciones gubernamentales. Cosas así. Los datos que han llegado son concluyentes y muy alentadores. Ahora, en la segunda década, nuestro interés se dirige lógicamente a la expansión. ¿Cómo podemos llevar los beneficios de la meditación al mayor número de personas posible? Con este propósito, estamos trabajando con un grupo bipartito de miembros del Congreso y dirigentes de organismos públicos que garanticen la ayuda a estos programas (y cualquier otro que sea innovador y de eficacia comprobada) de modo que podamos ofrecerlos a gran escala. A la vez, trabajamos con facultades de Medicina y centros de investigación para evaluar la repercusión de estas iniciativas, incluyendo el ahorro en los costes. Y actualmente seguimos en relación con un número creciente de fundaciones y filántropos para difundir nuestras actividades.

Ray Dalio, fundador de Bridgewater Associates, y su esposa, Barbara, me han hecho comprender la esencia de los auténticos benefactores, que viene a ser la lección que, con suerte, todos aprendemos de nuestros padres o mentores mientras crecemos: «Si tienes para dar, da». Ray ha ayudado personalmente a financiar los gastos para que cientos de empleados de su empresa aprendieran a meditar, y, junto con Barbara, ha contribuido a que muchos miles de otras personas aprendieran MT mediante sus generosas donaciones a la Fundación David Lynch.

«Yo empecé de la nada —decía Ray—, pero he tenido la gran suerte de vivir en un país que me ha proporcionado un montón de oportunidades, y resulta que he hecho mucho dinero con mi trabajo. Me he planteado la cuestión de qué debo hacer con mi fortuna antes de morir. No quiero darles demasiado a mis hijos porque lo que más deseo que tengan es fortaleza, y eso se consigue con el esfuerzo. Además, me encanta dejar huella en personas y causas en las que la influencia marginal del dinero que ofrezco es muy grande. Evidentemente, esto parece lo más sensato y emocionante que puedo hacer. Los miembros de mi familia han recibido los mismos beneficios de la MT que yo, así que ¿cómo podría no facilitársela a estudiantes agobiados hasta el límite en escuelas insuficientemente atendidas y a veteranos de guerra que sufren la pesadilla del estrés postraumático?».

Momento de meditación
Retorno a mi estado más natural

Lena Dunham, artífice de la innovadora serie Girls, de HBO, y escritora superventas, medita desde que tenía nueve años. Sus padres lo hacían también, y Lena dice que su madre, la artista Laurie Simmons, la llevó a un profesor de MT para que la ayudara con lo que parecía el comienzo de un trastorno obsesivo-compulsivo, o TOC. Yo tuve la suerte de darle a Lena un curso de reciclaje sobre MT mientras terminaba su trabajo en Girls, y ella me habló del efecto de la MT en el proceso creativo y de cómo ayuda a librarse de uno mismo.

Fundamentalmente, la meditación me sirve para retrotraerme a mi estado más natural y recordarme cuál es mi valor en el mundo. Hay tantas cosas establecidas que nos distraen de nuestro ser más elemental y de los instintos más básicos, que resulta fácil verse atrapado en retos y ambición, y la vida moderna viene acompañada de mucho miedo y ansiedad. A mí, la meditación me muestra lo que somos todos. Suena un poco místico, pero en realidad es muy sencillo.

Muchas personas piensan (yo antes era una de ellas) que son creativas porque sufren, cuando en realidad eso es un obstáculo para hacer cosas de las que sentirse orgulloso. Hay mucha gente inmersa en la idea de que si es feliz en su vida familiar o si está enamorada o no anda bebiendo por la noche hasta perder el conocimiento, la cosa mágica que permite hacer arte va a desaparecer de alguna manera. Sé que yo caí en esa idea. Ahora me doy cuenta de que verdaderamente estoy siendo creativa *a pesar* de todo eso y no por ello.

Es curioso que, cuando menciono la meditación, es como si se le iluminaran los ojos a la gente porque una buena parte anda claramente buscando algo que le dé productividad y capacidades sobrehumanas. Inicialmente, lo que atrae a estas personas a la meditación son sus instintos más o menos básicos, pero luego, cuando meditan, encuentran que salen a la luz estas otras cosas. Entran diciendo «quiero ser capaz de dormir menos, ganar más dinero y tenerlo todo». Ahora, con la meditación, han descubierto otras aptitudes propias que de otro modo no habrían conocido.

Estaba yo en el aeropuerto hojeando una revista mala mientras esperaba mi vuelo cuando vi un artículo que decía: «Pruebe la técnica que todas las estrellas practican» y había una descripción de la meditación trascendental. Yo supongo que la meditación puede llegar al mundo de muchas maneras, pero es gracioso encontrarla ¡en la misma página de los consejos para hacer régimen!

Como he aprendido a pensar a gran escala, la gente me pregunta con frecuencia qué me gustaría que ocurriera con la MT en América y en el resto del mundo.

Me gustaría que todos supieran en qué consiste la técnica y que tuvieran acceso a ella si quisieran aprenderla, ya fuera a través de un centro de MT en el vecindario, la empresa, la escuela o la universidad. O de un centro médico comunitario, una organización de ayuda a los veteranos de guerra o algo parecido. Sin embargo, para muchas personas interesadas, el tiempo es un problema desconcertante: tiempo para informarse, tiempo para aprender, tiempo para meditar. Afortunadamente, el mundo está cambiando, y muchas empresas tienen ahora salas de meditación además de gimnasios, y los profesores pueden usar las salas del personal docente para la meditación de las tardes. Hace diez años esto podría haber parecido ridículo, pero ahora ya no, porque hacemos caso omiso de las consecuencias mortales del estrés bajo nuestra responsabilidad. Facilitar a los empleados que se tomen unos minutos de un día ajetreado para meditar tiene mucho sentido en cuanto a salud, productividad y el balance económico final.

Como ya sabe, cuando se nos instruye en MT, aprendemos de un profesor formado profesionalmente que trabaja con nosotros todas las horas necesarias para comprobar que la practicamos correctamente y que los beneficios del curso durarán toda la vida. A veces, la gente dice: «Si es tan bueno para el mundo, debería ser gratis». Y yo estoy de acuerdo: debería ser gratis. También admito que la educación es buena para el mundo pero alguien tiene que pagar al personal docente. La comida es buena para el mundo, pero alguien tiene que pagar a los agricultores. El precio simbólico del curso (que varía según las posibilidades) ayuda a cubrir los honorarios del profesorado de MT además del alquiler y los costes administrativos de gestionar un centro de meditación trascendental.

Dicho esto, hay personas que andan justas de dinero. Afortunadamente, bajo la dirección del doctor Hagelin, la organización sin ánimo de lucro de MT de Estados Unidos es muy generosa y ofrece subvenciones, becas y préstamos para echar una mano siempre que sea posible a quienes tienen apuros económicos. El equipo del doctor Hagelin colabora con programas de ayuda al empleado, compañías aseguradoras y organismos oficiales para cubrir el precio del curso de MT, del mismo modo que lo haría con cualquier otra modalidad de tratamiento basada en pruebas científicas.

Y para aquellos que sufran traumas y estrés tóxico y no tengan acceso a la financiación, la Fundación David Lynch continúa recaudando fondos de corporaciones, otras fundaciones y filántropos de modo que haya becas para los millones de personas que están desesperadas por aprender.

Esta es nuestra estrategia, y la respuesta ha sido excelente. Pronto, todo aquel que quiera aprender a meditar podrá hacerlo. Ese era el objetivo de Maharishi allá por 1958, cuando comenzó a enseñar MT, y sigue siendo el nuestro hoy día.

Momento de meditación
Una puerta abierta a la calma y la fortaleza

Para Tony Nader, médico y doctor en medicina, los estragos de la guerra no son algo que haya visto en películas o leído en libros. Los ha conocido de primera mano. Nacido y criado en Líbano, asistió a la Facultad de Medicina de Beirut durante algunos de los periodos más sangrientos de la guerra civil libanesa, que duró quince años. Se licenció en Medicina en la Universidad Americana de aquel país y después se trasladó a Estados Unidos. Estudió en el MIT y obtuvo un doctorado en ciencias neurológicas y cognitivas.

El doctor Nader conoció a Maharishi en el MIT en 1979. A lo largo de varias décadas fue desarrollándose una excepcional relación de confianza mentor-aprendiz. Antes de morir, en 2008, Maharishi le pidió al doctor Nader que supervisara la organización global de MT.

Yo estudiaba el preparatorio para Medicina en la Universidad Americana de Beirut cuando estalló la guerra civil, en 1975. Había tiroteos y bombas; gente secuestrada por su religión. Algunas veces, durante meses seguidos, no podía moverme por la capital desde la universidad para ver a mis padres a causa de tanta violencia.

En aquellos días quería encontrar algo que tuviera sentido en medio de la destrucción y buscaba un modo de meditar. Lo intenté con una técnica de concentración durante un tiempo y hacía ejercicios respiratorios. Pero no conseguí nada. Entonces oí hablar a un amigo de la Meditación Trascendental y decidí probar. Enseguida experimenté algo que había buscado durante mucho tiempo: trascendencia, una profunda calma interior, un profundo gozo y una gran expansión de la consciencia. Era tremendamente satisfactorio. Tenía más energía y lucidez para estudiar mejor, estar más concentrado y rendir más. Y lo más importante, la MT me ayudó a permanecer estable por dentro aunque estuviera rodeado de miedo, violencia y desgracias. Abrí un club de MT en la Universidad Americana y conseguí que mi familia y mis amigos aprendieran a meditar también.

Al vivir en una zona de guerra, yo deseaba comprender exactamente qué ocurría en la mente de la gente para que quisiera combatir. Me especialicé en psiquiatría y eso me permitió hacerme una idea, pero no era suficiente. Me hice profesor de MT al terminar Medicina y luego me inscribí en un programa de neurociencia en el MIT. Quería conocer mejor la ciencia de la meditación trascendental y el cerebro, de modo que pudiera hacer algo más que tratar una enfermedad; quería mejorar efectivamente la salud de una persona, desarrollar de verdad su potencial creativo, no solo al limitado nivel químico-neurofisiológico, sino al ilimitado nivel de la mente humana también. Dirigí investigaciones en neuroquímica, neuroendocrinología, sobre la relación entre dieta, edad y actividad hormonal y neurotransmisora, y en el papel de los precursores de la neurotransmisión en medicina.

Cuando conocí a Maharishi en el MIT, comenzó lo que yo describiría como un aprendizaje que duró varias décadas. Aprendí de Maharishi las profundas conexiones entre la antigua ciencia védica de la consciencia, la forma y función del cerebro humano y la fisiología. Viajé por todo el mundo y hablé con altos cargos del gobierno, la medicina, la enseñanza y los negocios acerca de la ciencia y la consciencia. Con el tiempo, Maharishi fue dándome cada vez más responsabilidades respecto al conocimiento y la administración de la organización global de meditación trascendental. Era algo que nunca habría imaginado que pudiera ocurrirme.

Con frecuencia la gente me hace preguntas sobre Maharishi. Creo que sus logros hablan por sí mismos y que la historia le reconocerá como el principal científico de la consciencia, el que recuperó la sencillez y naturalidad de la meditación trascendental. Abrió las puertas para que todo el mundo, cualquiera que fuese su cultura, nacionalidad o religión, experimentase la verdadera calma interior, un grado más alto de consciencia. Esta ha sido la gran contribución de Maharishi a la ciencia, al estudio de la consciencia humana y a la vida.

En junio de 2007, un periodista de la Associated Press entrevistó a Maharishi para un reportaje sobre el quincuagésimo aniversario de la organización de la MT. Yo había enseñado a este hombre a meditar unos días antes y tuve la oportunidad de estar presente en la conversación. Tras una serie de preguntas rutinarias, el reportero le inquirió acerca de su «visión demasiado optimista» del efecto de la meditación en personas que sufren un sinfín de traumas y trastornos relacionados con el estrés. Tales sufrimientos han existido durante siglos, decía el entrevistador, y no van a desaparecer enseguida. ¿Cómo podía Maharishi tener tanta esperanza?

Maharishi se quedó pensando un minuto, movió la cabeza y dijo: «La oscuridad es solo la ausencia de luz. Enciende la luz y la oscuridad desaparecerá. Puedes tener una habitación que ha estado a oscuras durante un día y puedes tener una habitación que ha estado a oscuras durante mil años. Cuando enciendes la luz en cada una de ellas, la oscuridad desaparece igual de rápidamente. Así es el impacto de la meditación trascendental en la vida del individuo y, por extensión, de toda la sociedad».

Yo soy muy positivo respecto a lo que la MT puede hacer por nosotros y nuestro mundo. Principalmente, porque lo he experimentado de primera mano durante casi cincuenta años y porque he visto su espectacular repercusión en la vida de miles de personas a quienes yo mismo he enseñado, algunas de las cuales viven en las condiciones más tristes, más violentas, más angustiosas que uno pueda imaginar.

En caso de que decidan aprender a meditar, les brindo todo mi apoyo y el de cualquier otro profesor de MT en el mundo, cuando inicien esta aventura de experimentar y expresar el ilimitado caudal de creatividad e inteligencia que hay en todos nosotros. Es algo muy sencillo pero increíblemente poderoso. Que disfruten.

AGRADECIMIENTOS

En primer lugar, estoy sumamente agradecido a Maharishi Mahesh Yogi por hacer asequible a todo el mundo, de la manera más sencilla posible, esta técnica tan natural de llegar a la calma interior, que es la base de la auténtica salud, la felicidad y el éxito en la vida. Le doy las gracias al doctor Tony Nader por asumir, con excepcional sabiduría, compasión, paciencia y constancia, la responsabilidad global de enseñar meditación trascendental en ciento veinte países desde que murió Maharishi en 2008; al doctor John Hagelin, por su acertado y cabal modo de gestionar la enseñanza de la MT en cientos de centros de Estados Unidos; al doctor Bevan Morris por su dedicación de tantos años dirigida a proporcionar y salvaguardar la integridad y eficacia de la técnica de la MT en el presente y el futuro; a David Lynch, por crear y dar nombre a la Fundación David Lynch para la Educación Basada en la Consciencia y la Paz Mundial, y por sus incansables esfuerzos en todo el mundo para llevar esta meditación a millones de personas; al doctor Norman Rosenthal, por su estrecha amistad y su talento científico, que aportó información para escribir este libro; y a los miles de profesores de meditación trascendental por todo lo que hacen, diariamente, para conseguir un mundo mejor.

A Ray y Barbara Dalio, Devon y Jane Dalio, Paul y Kristina y Christopher y Kai Dalio, Matt Dalio y Mark Dalio —no tengo palabras para expresar lo mucho que los aprecio y los quiero—, por cómo son y todo lo que hacen.

Mi sincero agradecimiento continúa con entusiasmo. A Albert Lee, mi visionario, perseverante y siempre servicial agente y amigo de Aevitas Creative, que fue el primero a quien se le ocurrió la idea de que yo escribiera este libro y me animó a cada paso del camino para conseguirlo; a Kevin O'Leary, mi increíblemente lúcido, empático y afectuoso colaborador, por su constante apoyo, sabia dirección y maestría con las palabras en la preparación de este libro de principio a fin; y, en Simon & Schuster, a Jon Karp, director de la editorial, por confiar en este proyecto y darle luz verde; a Jofie Ferrari-Adler, mi sensato, paciente editor, que siempre me ha apoyado, así como a su ayudante, Julianna Haubner; a Richard Rhorer, Cary Goldstein, Stephen Bedford y todo el equipo de publicidad y marketing, por su dinámica e incansable dedicación al libro; a la directora artística Alison Forner, la diseñadora de cubiertas Grace Han, la diseñadora de interiores Carly Loman, el corrector Phil Bashe, y al director de edición Navorn Johnson, por hacer todo lo mejor para mí; y, en Simon & Schuster del Reino Unido, a mi fantástica editora Claudia Connal, a la gerente de relaciones públicas Gemma Conley-Smith, y a la jefa de marketing y publicidad Amy Fulwood, por su energía, clarividencia y ayuda. Este libro es el fruto del arduo trabajo y la entrega de todos los miembros de la Fundación David Lynch y las organizaciones de MT de todo el mundo. Mi sincera gratitud a los miembros de la junta directiva de la Fundación David Lynch (del pasado y del presente): Jeffrey y Rona Abramson, Vincent Argiro, Mark Axelowitz, Ramani Ayer, Jill Black, David Ford, Aryn Grossman, Bob Jones, Joni Kimberlin, Nigol Koulajian, Jennifer Leahy, Bud Liebler, Richard Creighton y Jane Ottenberg, Joanna Plafsky, Barry Scherr, Orin Snyder y Bruce Wilpon.

Al equipo de ejecutivos de la Fundación David Lynch: Rena Boone, Chris y Julia Busch, Salma Choudhury-Muro, Ina Rose Clark, Jon Haseltine, Raji Kalra, Lynn Kaplan, Mario Orsatti y Linda Mainquist, Deirdre Parsons, Rece Reid y Maximus, y Fredda Plesser y Andy Turtel.

A mis compañeros profesores de MT, miembros del equipo y amigos cuyo apoyo en este trabajo lo ha significado todo para mí: Steve Abrams, Lindsey Adelman, Sagen Albert, Reza Ali, Brecon Anastasio, Lisa Angrame, Kevin Ashley, Austin Ayer, David y Alatia Bach, Rodgers y Candace Badgett, Michael Barile, Ron Barnett, Dusty Baxley, Larry y Maria Baum, Richard Beall, Sarah Rose Belok, Alexander Berg, Lucy Clare Beuchert, Sai Bhatnagar, Buddy Biancalana, Chuck Bliziotis, Jared y Mayte Bluestein, Cindy Johnson-Boka, Carole Bonhomme, Preston Boulton, Natane Boudreau, Joe Boxerman; Barbara, Laura y Mabel Brand; Kingsley y Leslie Brooks, Michael y Pegi Busch, Rebecca Busch, Matt Butler, Marilyn Caufield, Howard Chancellor, Greg Chapman, Barry Charles, Ken Chawkin, Michael Kubin y Nancy Chemtob, Jonathan Cohen, Joshua Cohen, Blaze Compton, Kathy Connor, Kevin Cook, Sara Costello, Candy Crowley, Elliot Cuker, Rachel Cutler, Bob Daniels, Rafael David, Vin DeCrescenzo, Michael y Susie Dillbeck, Peter Dodge, Patti Donatella, Dean Draznin, Christina Drossakis, Donnie y Martha Durham, Michael y Dina Dwyer, Rob Eberley, Nian Fish, Becky Fleming, Naomi Foner, Donielle Freeberg, Lisa Fox, Cindy Feinberg, Fatima Franco, Elizabeth Freund, Adam Friedman, Stuart Friedman, Ra Frye, Yanira Funes, Bill Goldstein, Liz Goldwyn, Denny Goodman, Jamie y Ann Grant, Fred y Shelley Gratzon, Yael Greenberg, Elliot Groffman, Erin Groman, Roger y Katie Grose, Desiree Gruber, Sandy Haas, Kara Hagelin, Lee Hagelin, Chas Hall, Hayley Hanna,

Shepley Hansen, Dave y Dee Hardin, Jessica W. Harris, la familia Harrison, Heather Hartnett, Laurie Heilman, Percilla Herrera, Leonard y Penny Hintz, David Hirsch, Stephanie Hirsch, Richard Hobbs, Harbour Hodder, Ellen Akst Jones, Ellen Karis, Jack Davies y Kay Kendall, Kevin Kimberlin, Maddy Koch, Jayme Koszyn, Carl Kuehner, Oscar Jackman, Genevieve Jarvis, Jerry y Debby Jarvis, Sam Johnson, Craig Kallman, Drew y Rachel Katz, Rachel Katz, Sam y Melody Katz, Maddy Koch, Gary Korf, Michael Lackman, Peter Lamoureux, Fred y Seen Landman, Carol Lawrence, Tina Le, Lyle Lederer, la familia Lennon, Nancy Liebler, Donovan y Linda Leitch, Erin Levi, David y Simone Levinson; Toby, Sam y Eli Lieb; Nick Linnen, George y Nitzia Logothetis, Aurora Lopez, Mike Love, Raja Luis; Jennifer, Austin, Riley y Lula Lynch; Wesley Lyons, Kelly Malloy, Bob y Carol Markowitz, Erik Martin, Sunita Martin, Raisa Martinez, Scott y Suna Maslin, Claudia Mason, Dan McCarroll, la familia McCartney, Kathleen McKay, Louisa Merino, Bob Miller, Gabrielle Messinger, Steven Meyer, Noriko Miyakawa, Jonathon Mize, Shujaa y Jessie Mjasiri, Bianca Monda, Celio Mondjane, Buck y Cathy Montgomery; Ian, Leila, Dil (Hurlin) y Lyra Montgomery; Cody Montgomery, Brianna Moriarty, Angie Morteo, Ed Murphy, Daron y Laura Dawn Murphy, Maina Mwangi, Hilla Narov, Adam Nathel, Ariel Nathanson, Donna Nelson, Cara Nielsen,

Muriel Nellis, Lincoln y June Norton, Lindsay Oliver, Sally Ourieff, Carol Palma, Sasha Parmasad, Neil Patterson, Craig Pearson, Antwan Penn, Jane Roman Pitt, Robert Mulhall y Joanna Pitt, Elijah Alexander, Jesse, Aviva, Annalise y Micah Pitt; Joshua Pittman, Joe y Susan Plumeri, Stacy Bash-Polley, Adam Pressman, Ann Purcell, Carolyn Rafaelian, Mindy Ramaker, Gaile Ramey, Brendan Reape, Brian Rees, Donald Revolinski, Elizabeth Rice-Arnold, Kate Richard, Steve Richter, Craig Ridgley, Jack Rovner, Dennis Rowe, Steve y Karen Rubin, Jonathan Rudney, Sheri Salata, Bill Sands, Monica Sanny, Ed y Judy Schloeman, Heidi Schecter, Sylvia Schmidt, Adrienne Schoenfeld, Mark Schoenfeld, Eric Schwartz, Olivia Shepherd, Sarah Sica, Jack y Shirley Silver, Sean Slifer, Brian Smith, Cliff y Barbara Sobel, Scott y Lori Sobel, Andy Sommers, Barry Sommers, George Verschoor y Gayle Spitz, Iseo Squaranti, Sheila Stamps, la familia Starr, Suzanne Steinbaum, Zach Sternberg, Michael Sternfeld, Doug Stewart, Emily Stofle, Cheryl Stone, David y Kathy Streid, Kennidy Stood, Sabrina Sutherland, Peter y Susie Swan, Katie Tagarello, Lincoln Taggert, Chandrika Tandon, Debbie Thompson, Mike Tompkins, Peter Trivelas, Anna Unger, Velky Valentin, Laurent Valosek, Abdiel Vivancos, Charlie y Lauran Walk, Scott Walker, Peter Warburton, Ruby Warrington, Pamela Weiner, Mike Weisensee, Mark Williams, Isaac Winkler,

Zola Winley, Jerry Yellin, Steve Yellin, Nahshon Yisrael, Norman Zierold, Adam Zipper, Dave Zobeck, y a mis otros queridos amigos y compañeros de viaje de la Fundación David Lynch y de las organizaciones de MT de todo el mundo.

Y muy especialmente, a mis queridos padres, Merall y Susan; a mis hermanos Ellen, Bill, Tom y Scott; a mis sobrinos Jonny Cook y Michael y Rachel Cook y sus hijos, Hazel y April. A todos ellos, por su constante, inimaginable y revitalizador amor y respaldo. Todo esto ha tenido lugar gracias a ellos. A decir verdad, el libro es suyo.

NOTAS

Introducción

[1] Jean-Pierre Brun, «Work-Related Stress: Scientific Evidence-Base of Risk Factors, Prevention and Costs» (presentación, World Health Organization, marzo de 2007); Judy Martin, «Stress at Work Is Bunk for Business», *Forbes* online, última modificación 2 de agosto de 2012.

[2] Katie Allen, «Stress Now Commonest Cause of Long-Term Sick Leave—Report», *Guardian* online, última modificación 4 de octubre de 2011.

[3] Etsuro Totsuka y Toshio Ueyanag, «Prevention of Death from Overwork and Remedies for Its Victims», Consejo Nacional de Defensa por las Víctimas de Karoshi, http://karoshi.jp/english/overwork1.html; «Case Study—Karoshi: Death from Overwork», Organización Mundial del Trabajo online, última modificación 23 abril de 2013, www.ilo.org/safework/info/publications/WCMS_211571/lang—en/index.htm.

[4] *Stress in America: Are Teens Adopting Adults' Stress Habits?* (Washington, D. C.: Asociación Estadounidense de Psicología, 11 de febrero de 2014), 7, www.apa.org/news/press/releases/stress/2013/stress-report.pdf.

[5] Frederick Travis y Jonathan Shear, «Focused attention, open monitoring and automatic self-transcending: Categories to organize meditations from Vedic, Buddhist and Chinese traditions», *Consciousness and Cognition* 19 (diciembre de 2010): 1110-1119.

PILAR UNO
Una definición práctica

[1] Frederick Travis y Niyazi Parim, «Default Mode Network Activation and Transcendental Meditation Practice: Focused Attention or Automatic Self-

Transcending?», *Brain and Cognition* 111 (febrero de 2017): 86-94, http://dx.doi.org/10.1016/j.bandc.2016 .08.009.

PILAR DOS
Día tres: Éxito sin estrés

[1] Veronique L. Roger *et al., Heart Disease and Stroke Statistics—2012 Update: A Report from the American Heart Association* (Dallas: Asociación Estadounidense del Corazón, 2012).

[2] Robert H. Schneider, Charles N. Alexander *et al.,* «Long-Term Effects of Stress Reduction on Mortality in Persons ≥55 Years of Age with Systemic Hypertension», *American Journal of Cardiology* 95, n.º 9 (1 de mayo de 2005): 1060-1064; Robert H. Schneider, Frank Staggers *et al.,* «A Randomized Controlled Trial of Stress Reduction for Hypertension in Older African Americans», *Hypertension* 26 (1 de noviembre de 1995): 820-827; C. N. Alexander *et al.,* «Effects of Transcendental Meditation on Psychological Risk Factors, Cardiovascular and All-Cause Mortality: A Review of Meta-Analyses and Controlled Clinical Trials», estudio presentado en la Décima Conferencia de la Sociedad Europea de Psicología de la Salud, Dublín, Irlanda, septiembre de 1996.

[3] Universidad de Kentucky, «Transcendental Meditation Effective in Reducing High Blood Pressure, Study Shows», última modificación 5 de diciembre de 2007, www.science daily.com/releases/2007/12 /071204121953.htm.

[4] Schneider *et al.,* «Long-Term Effects of Stress Reduction on Mortality», 1060-1064.

[5] Robert H. Schneider *et al.,* «Stress Reduction in the Secondary Prevention of Cardiovascular Disease: Randomized, Controlled Trial of Transcendental Meditation and Health Education in Blacks», *Circulation,Cardiovascular Quality and Outcomes* 5, n.º 6 (noviembre de 2012): 750-758.

[6] R. D. Brook *et al.,* en representación de los siguientes consejos de la Asociación Estadounidense del Corazón: Comité de Educación Profesional del Consejo de Investigación de la Hipertensión; Consejo de Formación Cardiovascular y de Ataques al Corazón; Consejo de Epidemiología y Prevención; y Consejo de Nutrición, Actividad Física y Metabolismo, «Beyond Medications and Diet: Alternative Approaches to Lowering Blood Pressure-A Scientific Statement from the American Heart Association», *Hypertension* 61, n.º 6 (junio de 2013): 1360-1383.

[7] Vernon A. Barnes, Frank A. Treiber y Harry Davis, «Impact of Transcendental Meditation on Cardiovascular Function at Rest and During Acute Stress in Adolescents with High Normal Blood Pressure», *Journal of Psychosomatic Research* 51, n.º 4 (octubre de 2001): 597-605, https://doi.org/10.1161/HYP.0b013e318293645.

Día cuatro: Los beneficios aumentan

[8] Frederick Travis *et al.*, «A Self-Referential Default Brain State: Patterns of Coherence, Power, and eLORETA Sources During Eyes-Closed Rest and Transcendental Meditation Practice», *Cognitive Processing* 11, n.º 1 (febrero de 2010): 21-30, doi:10.1007/s10339-009 -0343-2, epub de 28 de octubre de 2009.

[9] Harald S. Harung *et al.*, «Higher Psycho-Physiological Refinement in World-Class Norwegian Athletes: Brain Measures of Performance Capacity», *Scandinavian Journal of Medicine & Science in Sports* 21, n.º 1 (febrero de 2011): 32-41, doi:10.1111/j.1600 -0838.2009.01007.x.

[10] Harald S. Harung y Frederick Travis, «Higher Mind-Brain Development in Successful Leaders: Testing a Unified Theory of Performance», *Cognitive Processing* 13, n.º 2 (mayo de 2012): 171-181, doi:10.1007/s10339-011-0432-x.

[11] B. Rael Cahn y John Polich, «Meditation States and Traits: EEG, ERP, and Neuroimaging Studies», *Psychological Bulletin* 132, n.º 2 (marzo de 2006): 180-211.

PILAR TRES
El cambio empieza en el interior

[1] Leo Shane III y Patricia Kime, «New VA Study Finds 20 Veterans Commit Suicide Each Day», *Military Times* online, última modificación 7 de julio de 2016, www.militarytimes.com/veterans/2016/07/07/new-va-study-finds-20-veterans-commit-suicide-each-day.

[2] Terri Tanielian y Lisa H. Jaycox (eds.), *Invisible Wounds of War: Psychological and Cognitive Injuries, Their Consequences, and Services to Assist Recovery* (Santa Monica, CA: Rand Center for Military Health Policy Research, 2008), www.rand.org/content/dam/rand/pubs/monographs/2008 /RAND_MG720.pdf.

[3] James S. Brooks y Thomas Scarano, «Transcendental Meditation in the Treatment of Post-Vietnam Adjustment», *Journal of Counseling & Development* 64, n.º 3 (noviembre de 1985): 212-215.

[4] Joshua Z. Rosenthal *et al.*, «Effects of Transcendental Meditation in Veterans of Operation Enduring Freedom and Operation Iraqi Freedom with Post-Traumatic Stress Disorder: A Pilot Study», *Military Medicine* 176, n.º 6 (junio de 2011): 626-630.

Mi propia historia

[5] Sanford Nidich *et al.*, «Academic Achievement and Transcendental Meditation: A Study with At-Risk Urban Middle School Students», *Education* 131, n.º 3 (primavera de 2011): 556-564, Education Resources Information Center (ERIC).

[6] Vernon A. Barnes, Lynnette B. Bauza, y Frank L. Trieber, «Impact of Stress Reduction on Negative School Behavior in Adolescents», *Health and Quality of Life Outcomes* 1, n.º 1 (diciembre de 2003): artículo 10, doi:10.1186/1477-7525-1-10.

[7] Charles Elder *et al.*, «Effect of Transcendental Meditation on Employee Stress, Depression, and Burnout: A Randomized Controlled Study», *Permanente Journal* 18, n.º 1 (invierno de 2014): 19-23, doi:10.7812/TPP/13-102.